课堂上最重要的
56件事

（美）丹尼·斯蒂尔（Danny Steele）
（美）托德·威特克尔（Todd Whitaker）著

Essential Truths
for Teachers

中国青年出版社
CHINA YOUTH PRESS

中鸿文传媒

图书在版编目（CIP）数据

课堂上最重要的56件事 /（美）丹尼·斯蒂尔，（美）托德·威特克尔著；
刘卓，宗欣瑜译. —北京：中国青年出版社, 2020.8

书名原文：Essential Truths for Teachers

ISBN 978-7-5153-6077-5

Ⅰ.①课… Ⅱ.①丹… ②托… ③刘… ④宗… Ⅲ.①课堂教学—教学研究

Ⅳ.①G424.21

中国版本图书馆CIP数据核字（2020）第104516号

Essential Truths for Teachers

© 2019 by Taylor & Francis

All Rights Reserved. Authorized translation from the English language edition published by
Routledge, a member of the Taylor & Francis Group, LLC. Copies of this book sold without
a Taylor & Francis sticker on the cover are unauthorized and illegal.

This edition is authorized for sale throughout Mainland of China.

Simplified Chinese translation copyright © 2020 by China Youth Press.

All rights reserved.

课堂上最重要的56件事

作　　者：[美] 丹尼·斯蒂尔　托德·威特克尔

译　　者：刘　卓　宗欣瑜

策划编辑：肖妩嫔

责任编辑：肖　佳

文字编辑：赵　硕　朱　佳　周楠楠

美术编辑：佟雪莹

出　　版：中国青年出版社

发　　行：北京中青文化传媒有限公司

电　　话：010-65511270/65516873

公司网址：www.cyb.com.cn

购书网址：zqwts.tmall.com

印　　刷：大厂回族自治县益利印刷有限公司

版　　次：2020年8月第1版

印　　次：2021年8月第2次印刷

开　　本：787×1092　1/16

字　　数：95千字

印　　张：8.5

京权图字：01-2019-4291

书　　号：ISBN 978-7-5153-6077-5

定　　价：35.00元

版权声明

赞誉之辞

丹尼·斯蒂尔博士和托德·威特克尔博士让我们再次关注教育中最重要的命题：去影响学生，让学生的人生变得更好。教育从业者会珍视这本书，它让我们再次理解教学的本质。通过这些真实的经历，斯蒂尔博士和威特克尔博士提醒教育从业者，我们都有可能对学生的人生产生积极的影响。这本书值得一次又一次回看，值得在所有同事间分享。

——伊丽莎白·博斯特威克

马头中央学区加德纳道小学，四年级教师

我们很容易因为一些紧急的事情而分神，因而忽略了最重要的事情。每天阅读这本书可以提醒教师们牢记和践行课堂上真正重要的事情。

——汤姆·劳德

学院项目主管

丹尼·斯蒂尔和托德·威特克尔的观念立足于他们在教育领域中的丰富经验，我们可以从反复阅读这本书的过程中获得灵感、启发和认同感——作为教师，我们的工作很重要，也很有挑战性。不管是对于新入行的老师，还是经验丰富的教育者，教师的工作千头万绪、繁杂多样，对随机应变的能力要求也很高，这常常会让人感到挫败和无能为力。这本书回答了我们对于职业生涯的疑问，让我们在诸多嘈杂的声音中牢记自己工作的核心。

——艾米·法斯特

俄勒冈州麦克明维尔高中，副校长

这本书是一份宝贵的礼物。这是一本短小易读的心灵启迪书，重申教育者的职责所在。对于任何关注学生所需的教育从业者都是一份宝贵的礼物，引导他们有所作为。

——拉冯纳·罗斯

S.H.I.N.E.®创始人

丹尼·斯蒂尔和托德·威特克尔在这本书里与那些热爱自己工作，并努力做到更好的教育工作者们进行了心灵对话。他们用引人奋进的观点和故事帮助那些在教育事业中受挫的教师们，赋予教师们强大的力量，鼓励教师们对学生的人生产生积极的影响。托德·威特克尔多年前就在教育和管理方面鼓励和启发着我，而丹尼·斯蒂尔几年前因为在推特上坦诚走心的话语而广为人知，让教育界掀起了一场人人受益的风暴！每个教育从业者的书架上都应该有这本书。

——德怀特·卡特

效能教练

不管你是刚入行的老师，还是经验丰富的老师，《课堂上最重要的56件事》都是必读书！丹尼·斯蒂尔和托德·威特克尔将极富启发性的、鼓舞人心的观念汇编成了这本精华，不管是教师个人阅读，还是教工集中阅读，都会从中获益。如果你周围消极的同事正在影响着你，你需要将视线再次集中在教学上，找到一个更好的方法与学生建立联系，这本书会对你有极大的帮助。它再次点燃了我对教师这一高尚的职业的激情！

——詹妮弗·吉勒斯

亚马逊读者

我非常喜欢《课堂上最重要的56件事》和《学校管理最重要的48件事》这两本书。它们启发着我们思考每天应该做什么以及为什么这么做。我们的管理人员和教师特别容易陷入日常琐碎工作的泥潭当中，但停下来认真思考我们为什么这样做，我们有多在意对方，我们如何建立和维护我们之间的关系，这才是真正重要的。丹尼·斯蒂尔博士和托德·威特克尔博士精炼出这两部作品，帮助我们牢记教育者的本心。书中的原则值得牢记，我们的日常生活中应坚持践行这些原则。所有的学校图书馆都应该存有这两本书，它们会帮助我们的教育工作者牢记使命，不忘初心。我想和教师同事们一起分享这些职业箴言。

——格兰森·劳伦斯

亚马逊读者

这本书加深了我对教师这一职业的认知！它给了我继续从事教学的动力，让我记起当初决定成为教师的初衷，也使我理解教师这一职业有多重要。

——斯蒂芬妮·沃德

亚马逊读者

每一位阅读这本书的父母和学生都会对教师的工作有更加深刻的了解。我的六年级的学生读了这本书之后，也认为它非常有意思。是时候去了解一直帮助我们、影响我们的老师们的心声了。

——阿刻罗伊斯

亚马逊读者

托德·威特克尔和丹尼·斯蒂尔因他们在推特上充满智慧、给人启迪、催人奋进、引人深思的话语而闻名网络。阅读《课堂上最重要的56件事》，就好像在读一本"推文精选"，我在这本小书中做的笔记数量远超我在其他书中所记。这本小书简单易懂，可以利用闲暇时间一口气读完，也可在日常生活中随时翻阅，从中获得心灵的启迪。作为教师，我们在努力对学生的人生产生积极影响，书中的原则会让我们肯定自我，也会让我们反思自己的一言一行。

教学是一项艰难的工作，想要成为一名卓越的教师尤其困难。卓越教师要有"学生第一"的思维模式，这可以促进师生间建立积极、有意义的关系，也有利于教师的职业成长。两位作者通过阐释卓越教师要在课堂上注意的56件事，帮助读者了解，如何与学生建立良好的关系，如何对教师在教室、在校园、在职业发展中的职责有更清晰的认知，从而发展出更加"以学生为本"的工作模式。许多研究都发现，教育工作者会对学生未来的成就产生重要影响。我个人相信其中重要的因素之一就是教师的思维模式。我们的思维模式必须朝着学生、我们的职责、学校文化以及专业学习和成长的方向发展。没有这样的思维模式，我们就不能在自己的职业上有所作为，也无法对学生的人生产生积极的影响。《课堂上最重要的56件事》是帮助教师打造这种思维模式的重要工具，书里讲到的原则会帮助我们成为更加称职的教师。

——道格·邓恩

密苏里州某私立中学校长兼主管

CONTENTS
目 录

献给那些与我共事多年的教师，

是你们的激情鼓舞了我，

感谢你们给予学生的真诚关爱。

—— 丹尼

献给我的孙子塔普利。

—— 托德

成为让学生受益终生的卓越教师

　　日复一日，年复一年，我们的社会要求教师和校长创下一番"宏图伟业"来改变世界的呼声似乎越来越高，为此，新的教学项目与实施方案层出不穷。这其中虽不乏积极举措，但有些则不然。然而令人吃惊的是，即使是那些积极的举措，也会如薄雾一般消散；那些一度被认为无出其右的举措最终也只能变成回忆，这种情况令人难以决定下一个关注点在何处。改变就像一扇不停旋转的大门，让我们对无法预料的未来皱眉蹙额，心存疑虑。标准化考试的压力、越来越重的责任以及人们的殷殷期盼让我们不堪重负，很容易落入"马不停蹄"的陷阱，甚至产生"价值何在"的怀疑。压力不断增加，我们自然而然会有这种感受，甚至可能因此陷入绝望。难道真的没有永恒不变的原则来指导我们吗？难道我们只能在大海上继续漂泊，眼看着下一次风暴来临吗？

　　然而，无论是不是教育工作者，每个人都可以回顾学校生活，搜寻那些尚未消失的记忆，有的或许轻松有趣，有的可能并非我们喜闻乐见。不过，那些在我们的头脑和心灵中留下烙印，并永远改变了我们的教师，始终是回忆里最难忘的一章。我们可能不记得教材里写了什么，课堂上讲了什么，但却永远不会忘记从教师身上学到了什么。我们可能还记得教室的环境、课堂的氛围乃至教师的表情和穿着举止，也可能无法回忆起那些细节，但毋庸置疑，我们仍记得作为学生在那种环境中的感受。

每每回忆起他们，我们便会露出微笑，甚至会轻声笑起来，仿佛又一次得到了心智上的启迪。那个多年后仍能让我们在内心深处产生共鸣的教师自有特别之处，如果每个教师都能带来如此深刻的影响，我们的生活又会有怎样的不同？

每每回忆起他们，我们不会惋惜他们当年没有现在的技术手段，也不会奢求他们将项目式学习法融入课堂，而会惊叹他们如何取得这样的成就。许多人都希望能再次体验一番，希望还会有教师和他人如此深刻地影响我们的生活。大多数教育工作者都能说出是哪些教师影响了他们，亦希望自己对学生能产生同样的影响。我们相信，所有教师都能做到！

除了深情地回忆自己的教师之外，教育工作者还应该经常反思自己作为教师在课堂上的经历。他们曾为自己与学生的关系以及学生在课堂上的表现感到无比自豪，现在与那时有何不同？也许我们还能回忆起第一天授课时的紧张和每学年伊始的兴奋，如何保持这种激情？在一年中的艰难时日，或是在讲授极具挑战性的课程时，又该如何重燃这种激情？

学科规划层出不穷，教学技术的变化也让我们无所适从，在一系列的教学策略中做选择就如同沙里淘金。普适的核心教学原则存在吗？什么才是真正的重中之重？

尽管变化反复无常，但教育工作者知道有些规律永远不变：能够影响学龄前儿童的事情对高中生亦有影响；无论是在现在还是将来，总有各种方式可以教导最棘手的学生；我们必须坚持要事第一，而不是只看眼前的事情。

本书旨在帮助我们找到并实践在教育中永不过时的理念，这些理念及其实践者比那些昙花一现的教育风潮更有生命力。不管是从教第一年还是第四十一年，我们都想有所作为，因此投身于教育，选择影响和改善学生的生活。现在机会来了，教育工作者始终秉持核心教学理念，就能做到最好。无论这本书是改变了你前行的方向，还是给了你在当前道路上加速前进的信心，我们都要提醒你不忘初心，成为让学生永远铭记的教师。

阅读指南

　　我们写这本书是希望你在最需要之时有据可依。或许你可以坐下来，从头到尾一口气读完；或许你会画下有共鸣的部分或者折起书角，以便下次阅读；或许你会在书中找到一个新想法或者急需的提示，帮助你开启新的一周或是新的一天；或许你想与同事分享或者把它送给当教师的朋友；或许学校让教师相互传阅，在书中找出某位同事做得好的地方与大家交流分享；或许你也可以在教师大会的开场白中引用书中的某句话……总之，本书的使用方式有无限种可能。

　　不过，本书的真正目的是让我们改变学生的人生，帮助我们回忆起为什么选择教育事业，让我们在行动中践行长久以来的信念。虽然在教书育人的过程中有许多事情我们无法控制，但是每天仍有不少工作可以完成。让我们现在就开始吧！

ESSENTIAL TRUTHS FOR TEACHERS

ESSENTIAL TRUTHS
FOR TEACHERS

课堂上最重要的
56 件事

1

教师是否真正热爱工作，学生最清楚

　　人人都有情绪。在课堂上，教师的情绪很容易传染给学生。学生能够察觉到教师情绪的好坏，感受到他们把教学当成享受还是苦差，也看得出他们眼中的怒火。无疑，教师的能量会影响学生对于课堂的投入，因此，积极的能量对于课堂氛围至关重要。与此同时，教师的态度也会影响学生的学习动机，如果他们能够意识到这一点，就可以改变教学的"游戏规则"。

　　最好的教师绝不是为了上课而上课，他们以赤诚之心对待每一名学生。教师不仅仅是一份职业，更是一种激情。这种激情才是优秀教师的特质，它深植于学生的脑海，让课程计划只能退居其次。学生或许会忘记教师教过什么，却永远不会忘记教师是否热爱教学。

2

要对学生永怀善心、耐心与爱心

我记得当时德米特里斯就在我的校长办公室里，旁边坐着他的母亲。因为他在更衣室里"胖揍"了一个男孩，我正准备以校内停课方式进行惩罚，也想让他的母亲知道发生了什么事。德米特里斯张口辩解，还没说几个字，她就狠狠扇了他一个耳光，而且连看都没看他一眼。事发突然，我们两个都吓了一跳。我感到震惊和一丝尴尬，因为我觉得脸上的疼痛和所受的差辱比起来微不足道。他的反应我记不太清了，只记得他直直地盯着前方。事情发生在很多年前，当时我就觉得他对此早已习以为常。当我和他往停课教室走时，我记得自己说了"我很遗憾，德米特里斯，谁都不想碰到这种事"之类的话。我当时在想："这个孩子没有机会改过自新，难怪他会在更衣室里殴打别人，他的世界里只有暴力。"

许多教师都有过这样的经历：召开家长会想谈谈学生完不成作

业的情况，结果家长却没来。我曾给一个孩子的家长打电话，想说说这个孩子的无礼态度，结果却被家长责难了一番。毫无疑问，学生的成长受到家庭环境的影响。

有一种想法很美好：迈入校园的孩子如同一张白纸，在教书育人的过程中，教师在这张一尘不染的纸上用心描绘，让孩子们成长为有价值的人。教师这个职业意义非凡，他们塑造学生们的生活，将其人生画布描绘得绚丽多彩。但事实是，孩子们从来就不是一张白纸，教师也不是唯一的绘画者。在孩子出生后的5年里，父母给孩子读书的好处颇多，这些优势不仅仅体现在幼儿的词汇习得方面，其影响也不仅仅停留在孩子的幼年。相反，有些孩子没有获得家庭的支持，因此他们所面临的挑战会贯穿整个学习生涯。有些学生已经形成的价值观和习惯与我们试图培养的背道而驰，他们每天回家之后接收到的信息，往往会破坏我们在课堂上付出的努力。

那么这种现实对教育工作者来说意味着什么呢？这并不意味着我们要降低标准，或者因为缺少学生家长的支持我们就可以满腹怨言，而是意味着我们要认识到有些学生需要克服一些挑战，必须在传统的授课范围之外为他们提供额外的支持、指导乃至训练。当然，这也意味着我们要更具同理心——以慈爱与同情之心对待每一名学生。有些学生更需要我们为他们加油鼓劲，而不是向他们发号施令。

> 有些学生更需要我们为他们加油鼓劲，而不是向他们发号施令。

下次再有学生让你懊恼不已的时候，想一想在上学之前，他们的人生画布上描绘着怎样的图画……想一想在下课铃响之后，又是谁在上面执笔书写。毕竟，我们往往无法了解他们的成长环境，也不知道他们回家之后会面对什么。如果你对一些学生的家庭生活有所了解，你对待他们的态度和方式就会发生改变，一定会的。

3

理解学生，不抱怨学生的小毛病

学生有时不成熟、冒傻气，有时坐立难安，有时满脑子荒唐事，有时还会在课堂上做出匪夷所思的事情来。虽说他们不该如此，但却真的会这么做。教师要做到不为这些小小的不良行为懊恼，这点十分重要。如果他们能从学生的角度看问题，那么一切都会大有不同。毕竟，一些让成年人抓狂的事情往往能激发孩子们的想象力。教师不该让一些小麻烦分散自己的注意力，必须专注于第一要事：教育学生，并与其建立良好关系。

4

用你的热忱激发学生的学习动力

我记得在牙医办公室看过一个标语，上面写着："无需剔每一颗牙——只剔你想保留的就好。"我想在办公室里也放一个类似的标语："教师无需关注所有课程内容——只关注想让学生学的就好。"课堂上最引人入胜的往往不是设计精彩的课程内容，亦非枯燥无味的照本宣科，而是教师散发出的能量、表现出的态度以及发自内心的热情，这种热情才是真正驱动学生的力量。最让我难忘的教师莫过于纳瓦尔先生，是他让我的学习充满动力。八年级时，他教我们地球科学课，那一年我爱上了岩石，直到现在还保留着当年的岩石收集盒，这份喜爱正是源于他对岩石的热情。若是我们身为教师都无法享受自己所授的课程，又如何期待学生们投入其中呢？反之，教师发自内心的热情几乎可以让学生参与到任何课程中来。总而言之，最有吸引力的，不是课程本身，而是教师的热情。

5

要让学生知道你对他们的关心

人人都知道有句话叫做"行动胜于雄辩"，这一道理已得到了广泛印证，算得上是老生常谈。

学生不会因为教学大纲上说教师应该关爱学生，或者因为教师总在全班面前说"你们知道我很爱你们"，就能感受到关爱。他们通过教师对待他们的方式感受关爱，因此关爱不能仅停留在口头上，而要付诸行动。当你在课堂外与学生交谈时，当你对生活不顺心的学生表达同情时，当他们失去了所爱之人，你打电话问候，甚至去家中看望他们时，你都在表达对他们的关爱。

身为教师，我们绝不想让学生对这份关爱怀有疑问。行动起来，打消他们的疑虑吧！

6

要像对待优秀学生那样对待问题学生

　　在师生关系中，有一种叫做"自证预言"的要素不可忽视。我们对学生的态度或明或暗地影响着师生间互动的方式。面对问题学生，我们往往欠缺耐心、态度生硬、急躁易怒；而面对得意弟子，我们则极富耐心、宽容变通、信任有加。如果教师也能以同样的热忱对待问题学生，就会发现他们往往也会给予积极回应。学生可能让我们满意，也可能让我们失望，总是让我们头疼不已的学生或许大有潜力，对此我们必须提醒自己，并高度重视。当我们在学生身上寻找优秀品质时，便会惊讶地发现这些品质不胜枚举。

7

建立良好的师生关系会有助于教学

　　以前有个叫马里奥的学生，常常惹事，是教师办公室的常客，尤其经常被约翰逊女士点名批评。我罚过他留堂、校内停课，甚至是完全停学。他每次来办公室，都会受到我的训诫，但是我们的关系很好。有一张迈克尔·乔丹的海报在我办公室里挂了很多年，他几乎每次来都会问我能不能把那张海报拿走。马里奥热爱篮球，他的梦想是组建一支次级篮球校队①。九年级时，他的身高还不到5英尺，在我看来，他的能力也远远不够……但篮球是他的激情所在，所以我们总是讨论篮球。大概在那年的二月，约翰逊女士来找我，说她已经无计可施了，她喊道："我真拿马里奥没办法！你有什么建议吗？"我回答："约翰逊女士，你知道马里奥的梦想是什么吗？"

————————————
① 次级篮球校队：代表大学、专科或者中学参加校际篮球竞赛的次要代表队。——译者注（本书后文若无特别说明，脚注均为译者注。）

她说不知道。我接着说："约翰逊女士，他的梦想是组建次级校队。"我建议她花些时间了解一下马里奥，和他聊聊他的兴趣爱好。

> **那些对孩子影响最大的教师都具有同理心。**

那些对孩子影响最大的教师都具有同理心。他们不只教给学生知识，还努力去了解学生。我知道很多教师都让学生在开学第一天填写个人信息，这种方式很好，但是我们必须利用这些信息，了解他们的世界，发展良好的师生关系。要是想让学生对你的课程感兴趣，那么先从对他们感兴趣开始吧！如果学生感到与教师存在联系，就可能对课程更上心；如果他们与教师关系良好，就不太可能在课堂上行为出格。如果约翰逊女士能在刚开学时就理解并欣赏马里奥的梦想，那么她一整年的生活可能大为不同。对教师来说，了解自己的授课内容固然不错，懂得教育学更是锦上添花，但是，了解学生才是当务之急。

8

学会积极应对挫折和挑战

　　所有教师在工作中都会面临种种挑战和令人沮丧之事，但是优秀的教育工作者不会因为任命不公平、孩子难管教或者缺少家长支持而怨天尤人。他们是推动变革的勇士，是战胜逆境的强者。自然，领导如何任命，班级规模大小，家长是否配合，以上种种挑战都不在他们的掌控之中，但是他们可以控制自己的教学质量和倾注于课堂的激情。优秀教师知道，他们能够控制自己的态度，并专注于积极的情绪。他们时刻留心自己在课堂上的角色，绝不会忘记自己对于学生潜移默化的影响力。事实上，拥有乐观、积极的态度并非不可能，优秀教师就是这么做的。当然，所有的教师都会有不顺心的日子，也需要不时发泄一下，但是优秀教师能够做到理性面对。

9

问题学生最需要教师的帮助

在美国，每一所学校里都有问题学生，每一位教师在工作中都可能会遇到这类学生。问题各种各样：有些学生从来不做课前准备，有些学生无法安安静静地坐着听讲，有些学生似乎就是个刺儿头，有些学生态度无礼，还有一些学生似乎对一切都满不在乎。

但问题是，尽管每一所学校里都会有教师在午餐桌旁或教师休息室里抱怨这些问题学生，但是有些教师却在同类的学生身上体会到了成就感。这些学生是前者的眼中钉，却是后者职业满意度的来源，是什么造成了这种差异呢？

这些教师知道，有些学生从来不做课前准备，可能是由于在家中没得到太多支持。即使这个学生缺乏条理和责任心，但这些教师还是会给没带铅笔来上课的孩子提供铅笔，也不会因此小题大做。因为他们知道，想要教会学生自我管理，还有更好的方法。当然了，他们也不希望因此影响学生上课。

他们知道，上课坐不住的学生并不是喜欢惹麻烦，只是精力过剩而已。（有些我认识的成年人也无法安安静静地坐45分钟，我敢打赌你也认识这样的人。）学校里有位教师和一个学生约定，他可以站着做作业，只要能做完就行，这一约定效果显著。

他们知道，那些刺儿头往往有着痛苦的校园经历，他们在学校中找不到任何让他们感觉良好的事情，也没有合适的方法来获得关注。教师努力尊重这些学生，尽可能对学生多加肯定，不在课堂上因为小事而和学生"唇枪舌战"，因为他们知道，这样的"战争"中没有赢家。

他们知道，学生态度无礼可能与教师无关。他们不会降低自己的标准，但也不会斤斤计较，他们努力在开学伊始建立积极融洽的师生关系，让敌意无处扎根。

他们知道，似乎对一切满不在乎的学生可能并不像看起来那样，对一切都无动于衷。他们坚信，没有学生愿意失败或是陷入困境，更没有学生愿意被贴上"失败者"的标签。他们知道每个学生都有在乎的事情，只不过我们尚未发现，也不知如何培养。也许这些学生只是看不到学校教育对他们的影响，所以教师应该加倍努力让课程充满意义。也许这些学生厌倦了总是表现逊色，与其一再遭受失败的打击，不如放弃努力，免于面对失败的尴尬。面对以上种种情况，这些教师会不遗余力地支持学生，为他们找到获得成功的途径。因为他们深知，小小的成功最终会积累为丰

> **优秀教师知道，问题学生最需要他们伸出援手。**

硕的果实。

优秀教师知道，问题学生最需要他们伸出援手。他们永远不会因为学生"消极怠工"就降低要求，也不会让那些完不成任务的学生离开。他们投入教育事业是为了改变这些孩子的人生，因此，他们能在那些令人沮丧的行为背后，看到无限潜能。

10

使教学极具挑战的不是工作时间，而是工作强度

　　无论是当教师、教练还是校长，都十分不易。我们长时间工作，很多时候工作时长远超"明文规定"，这已然成了教育界人人心照不宣的事实。然而，让工作挑战倍增的不是时间长度，而是工作强度。我们对学生关怀备至、无私奉献、勤勉努力，甚至忘了好好享受午餐时光。我们反思自省，每天做出的决定是否正确，对他人产生何种影响；不知道处理某种情况时是否足够耐心细致，而处理另一种情况时又是否太过优柔寡断；还会担心在九点半公布结果操之过急，而在下午两点公布又为时已晚。

　　哪怕走进一家商店或者看看电视，我们都会忍不住想其中有什么素材可以丰富课堂教学。要从这种思维状态中抽离出来可不容易，这也是你会成为一名优秀教师的原因。优秀教师时刻会有这样的想法，会不断地从教育工作者的角度思考问题。但与此同时，我

们也要想办法好好照顾自己，也需要有规律的休息。我们的暑假算不得真正意义上的放假，但如果不能利用暑假好好休息，我们还能在什么时候进行放松和充电呢？如果你把一整年的精力都投入到和学生相处的9个月里，那你工作的时间可不仅仅是9个月。

一定要好好照顾自己。你的学生值得拥有最好的你，你的家人也是如此。

11

教育的本质是让学生成为更好的自己

自诩完美是许多优秀教师的通病，而不太成功的教师往往会认为他人都完美无瑕。然而，完美在教育中并不存在。我们与年轻人同行，不断朝着正确的方向前进，可遗憾的是，我们从未真正到达过既定的目的地。你的课堂教学令人赞叹不已，同时你仍在不断构建和优化教学内容。不过，即使对完美汲汲以求，也永远无法达到。

对于"行为问题学生"（你觉得这个术语如何），我们必须关注他们的行为趋势而非简单定义某个行为。我们应该关注的是他们现在完成任务的频率比以前增加了吗？在三月份时和同学们相处得比在一月份时要好吗？

有时，我们会觉得班级完全处于失控状态，但是看看那些最谦恭有礼的学生，我们就会意识到，失控的只是某些学生而已。因此，我们不应该抓住自己做错或是未做完的事情不放，而是要把精力放在做对的事情上，毕竟这类事情仍占大多数。

时刻以完美标准来要求自己实属不易，要求学生更是难上加难。享受每一个微小的进步，每一次方向上的改善，并为此喝彩。改变已然发生。记住，有些时候，使旅程充满意义的不是前进的速度，而是前进的方向。

12

鼓励与支持学生应对巨大挑战

　　许多年前，在我第一年当助理校长的时候，有个叫塞德里克的16岁男孩让我焦头烂额。他叛逆好斗，无视权威，总是像个刺儿头一般，轻而易举地就给我留下了不好惹的印象，他就是那种我们称之为"硬骨头"的学生。我一向为自己和学生建立良好关系的能力感到骄傲，却从未能让他放下防备，我的耐心逐渐消耗殆尽，几近放弃。有一天，我决定再试一次。我说："塞德里克，所有人在生活中都会面对挑战，都有不得不攀登的大山，你生活中的挑战是什么？"我对他的回答丝毫没有心理准备。当时他的态度缓和了一些，说："没人照顾我。"那一刻，我终生难忘。

　　他和祖母住在一起。祖母80岁了，身体不好，什么都做不了，自然无法给予一个16岁孩子所需要的支持、指导和监督。他逃课打篮球，被抓到时还蛮横无理，总是让我沮丧不已。当我坐在办公室里听他讲述家庭状况时，暗自想："这个孩子能来上学都是个奇迹！"

有时我会想起塞德里克，猜想他此时此刻在做什么。我在那所学校只工作了一年，之后再也没见过他。不过，我知道这孩子处境艰难，但愿教师能够了解他的情况。每个学生都有自己"难念的经"，有些可能听着都让人心碎。许多学生的家庭生活十分不易，学校有时只不过是他们恶劣态度的发泄口。教师无法改变学生的家庭环境，但他们的理解与耐心总是让我心存感激，因为学生们"恶劣态度"的背后总会有一些不为人知的故事。

13

私下批评，公开表扬，会创造更好的课堂氛围

如果你了解马斯洛需求层次理论[①]，就会知道让学生当众难堪可不是明智之举，因为他们往往非常看重自己在同学中的名声。让学生难堪只会把他们置于必须挽回颜面的境地，往往导致一件小事升级为无礼举动或反抗行为。有时，学生的无礼行为并非针对教师个人，只是因为其他同学正在旁边看着。如果学生的行为存在问题，最好是悄悄指出，如此可以避免尴尬或者可能出现的口角。

反之，公开表扬学生会在课堂上产生积极能量。受到表扬的学生会更受尊重，学生也会知道在课堂上哪种品质值得珍视。不要忽视正向强化的价值，记住，公开表扬更有意义，有效的指导比讲好一堂课更重要，毕竟，良好的课堂氛围对于有效学习不可或缺。

[①] 马斯洛需求层次理论：由美国社会心理学家亚伯拉罕·马斯洛于1943年提出，该理论将人的需求从低到高依次分为生理需求、安全需求、社交需求、尊重需求以及自我实现需求。

14

确保学生上课时已准备好听课

　　认真的教师会制订计划，更为认真的教师则会计划周全，他们进教室时总是有备而来，优秀教师也是如此。但他们知道无论是在学业上、社交上还是情绪上，所有学生的起点各不相同。最优秀的教师不仅能上好课，还能理解学生们的心理"包袱"，以此为动力进行教学并与学生交流。学生们无法好好听课的原因多种多样：那个听课溜号儿的孩子或许刚才被找乐子的大孩子堵在走廊里，所以他的注意力可能放在如何在下课时避开那些孩子上；那个总在课上打盹儿的孩子可能是因为在夜里听父母吵架，没睡好觉；那个满脸尴尬走进教室、总觉得自己落后于人的孩子可能是因为家里没人能够辅导他的功课。作为教师，我们会觉得课程对孩子最重要，但实际上，在孩子的世界里，所有事情都比课程重要。记住，走进教室的每一名学生都有独一无二的背景经历，都有各自的挣扎与挑战。优秀教师能够洞察学生不同的需求，将同情心、耐心与善心带入课堂，为学生创造安全的空间和更有效的学习环境。

15

相信直觉，倾听内心的声音

俗话说，会哭的孩子有奶吃。当然了，要是这样能够解决问题，事情就简单多了。然而，和学生或者同事相处时，有时候关注那些爱抱怨的人，并不能真正解决问题，反而会让问题更加严重。

据估计，学生百分之九十以上的不良行为都源于对关注的渴望。说来讽刺，成年人也是一样。毕竟，人人都希望得到关注。不过，我们要认识到，即使有些人口若悬河，邮件通篇使用大写字母和感叹号，也不代表他们就是对的，更不意味着他们自信满满。有时候，这种行为恰恰体现出他们缺乏安全感。

记住，相信我们作为教师的直觉。他人只是在陈述个人观点，无关对错，因为没有人比你更了解你的班级和你的风格。如果每一名教师都能够"跟着直觉走"，他们会更尊重学生。想想吧，教师第一次对学生粗鲁地大喊大叫，很可能感觉不自在，觉得自己犯了错。如果他们相信自己的核心直觉，便会反思，尽力避免这种情况再次发生。然而，如果他们碰巧听说其他教师也这么做过，甚至自吹自擂，就可能会忽视内心的声音。长此以往，我们一旦习惯了这种不自在，让这些行为变成了常态，最终就会迷失自我。

如果你曾与消极之人共事，可能见过他们质疑那些乐天派。你有没有听过一个死气沉沉的同事问另一个同事："你在笑什么？""你怎么这么高兴？""你早来晚走图什么？"如果这种消极之声不绝于耳，我们最终也会变得不再积极向上、干劲满满、成效卓著。

相信你的直觉吧，学生需要你做到最好，展现真我。

16

最好的教师懂得因材施教

"梦想墙"是校园中我最喜欢的一道风景线。在过去的几年里，我们让所有的学生在一块16英尺长的白板上写下自己的梦想，并将它挂在走廊里。我喜欢向访客炫耀这面意义独特的墙，而第一次看到这面墙的人往往受到强烈的冲击。我想让他们看到学生们绚烂的梦想、远大的目标和抱负，也想提醒路过这面墙的教师牢记自己教书育人的初心。我们确实想提升学生的成绩，但这不是我们成为教育工作者的原因。我们要记住，分数不是衡量学生的唯一标准。我们想让他们的人生有所不同，激励他们，为他们赋能，让他们去追寻梦想，发挥潜能。学校里的每一名学生都有自己的梦想，下面是一些学生写下的梦想：

> 我们确实想提升学生的成绩，但这不是我们成为教育工作者的原因。

"我想帮助六年级的同学。"

"我要做个慈爱的母亲。"

"我想数学成绩进步。"

"我要快乐。"

"我的梦想是姐姐安全从空军退役。"

"我要当幼儿园教师。"

"我要拿到大学奖学金。"

"我想做点有意义的事情。"

身为教育工作者，我们鼓励学生追寻梦想，不过，需要注意的是，这些希冀与梦想可能各有不同。学生往往最需要的就是我们为他们加油鼓劲，给予他们信心，告诉他们："你们能做到！"

17

给出10个正确答案，不如激发一个好问题

　　许多教师在学生尚未发问时，就已经给出诸多答案。最优秀的教师应当培养学生的好奇心，这就好比问教师对哪个专业学习机会最感兴趣，答案其实显而易见：他们对自己主动选择的最感兴趣。因为他们首先有自己的需求，而专业学习课程会提供他们想了解的信息或者所需技能，所以他们才会做出这样的选择。

　　相信许多人在教师大会上都有过类似经历：有些教师只会注意听那些他们需要知道或者想知道的事情。大多数的学生也和成人一样，只有当教师说一些似乎与他们相关的事情，或者回答他们的问题时，他们才会仔细听。最佳的学习时刻莫过于学生为自己的问题寻找答案时。学校可以强制学生出勤，但教师必须意识到，学习是自发的过程，因此必须要让课程体验与学生密切相关。

18

提升课堂掌控力的关键在于赢得学生尊重

    "要求权威"与"博取尊重"之事屡见不鲜，你或许知道其中窍门，但我不敢苟同。想想学生第一天上学的样子，他们带着些许犹豫、些许紧张，但是愿意听从我们的指导，配合我们的工作。我们何其幸运，不必努力争取，学生就主动给予我们尊重，那么该如何让这份贵重的礼物发挥最大的价值呢？有些教师会小心呵护，让它得以延续，也有一些教师可能开学后不久就会失去这份尊重。

    最优秀的教师无需证明谁说了算，因为学生们都知道。可是如果他们非要证明自己说的才算数，那么学生会不遗余力地证明他们错了。不管年龄大小，不管处于何种人生阶段，没有人喜欢有人对他指手画脚。如果一个教师威胁说："一声都不许出！"那么大多数人都会有难以遏制的冲动想制造点大动静，不然就要憋坏了。对课堂有着强大掌控力的教师不需要提醒学生是谁在掌控全局，学生

> 对课堂有着强大掌控力的教师不需要提醒学生是谁在掌控全局。

来上学的第一天就知道了。

尊重是学生给予我们的礼物，最好的教师会精心培育它。他们让最初的尊重与日俱增，与学生同舟共济，而不是对他们发号施令。任何时候我们都希望教室里至少有一个人掌控全局，如果这个人恰好是教师，就再好不过了。

19

教师无须出言刻薄，但须掷地有声

我们见过对运动员大吼大叫的教练，也见过不这么做的教练。而惊人的是，这两种教练带出来的队伍可能在输赢上相差无几，但他们的做法一定会影响到我们想让孩子跟着谁训练。

这种场景总是令人难以置信：如果看到运动员或者学生没有按照他们的想法去做，那些大声叫嚷的教练就会不断提高音量，一次比一次更有震慑力，而在一旁观看的人会认为这就是训练年轻人的方式。旁观那些"德高望重的"大学教练如此训练学生，最大的坏处就是，那些训练初高中生的教练会误认为这就是训练的真谛。

讽刺的是，教练大权在握，如果运动员不按照他们的要求去做，他们可以让运动员停赛，但是其实我们无需出言刻薄，但须掷地有声。有些父母说："孩子从来不听我的话。"我相信孩子们听到了你说的每一句话，只不过父母希望孩子们只听其中的一部分。如果父母喊道："你这个夏天待在家里，哪儿都不许去！"然后又说："你想吃个冰激凌吗？"孩子们都听到了——而且会意识到父母言行不一。有些父母从来不会对孩子大声叫嚷，但他们言出必行。不要威胁整个夏天都禁止孩子外出，除非你真的想这样惩罚他们。

在课堂上也是同样的道理。如果你不准备持续执行某项规则，就不要制定它。如果要给家长打电话就直接打电话，要留校就直接留校，不要仅仅停留在口头威胁上。我们绝不该出言刻薄，但是要保证言出必行。

20

看到学生独一无二的潜质

新学年开始前，一位焦虑的母亲祈祷这一年会有所不同：或许她的儿子会遇到一位良师，能够不在意孩子犯傻不成熟，能够如她一般看到孩子身上的潜质。如今，你就可以成为这位母亲所期盼的教师。

有一通电话让我至今难忘。我曾经设定过一个目标，要在开学后的100天里打100个表扬学生的家访电话，于是，我让教师们告诉我他们想表扬哪个孩子。一位教师写了封邮件，说她为一个学生感到骄傲，这个学生以前总是不做任何课前准备，而在与她进行了一次敞开心扉的谈话后，她每天都会带着铅笔来上课。我知道做好课前准备很重要，教师总得准备铅笔借给学生确实很麻烦，毕竟，学生需要有自理能力。但我必须承认，我不太愿意为了带铅笔上课这种小事给学生家长打电话。

　　我把学生叫到办公室和她击掌庆祝，尽管对这通电话的效果心存疑虑，我还是给她妈妈打了电话。我告诉她，她女儿每天都带着铅笔来上课，老师为她感到骄傲。这位妈妈哭了起来，边哭边说："我女儿在学校尽力了，谢谢你们告诉我。"我不想在六年级的小姑娘面前掉眼泪，只得匆匆结束了通话。挂了电话，她的眼睛也湿润了，自豪之情溢于言表。原来，带铅笔上课不是微不足道的小事，相反，它意义重大。

　　这次通话给我上了两堂重要的课：一是教师有着点亮孩子人生的强大力量，即使是给家长打个简短的电话，也能够让一缕阳光照进他们的生命中。所以，不要吝惜你的表扬。如果为他们感到骄傲，就要告诉他们；如果他们取得了进步，就该鼓励他们，鼓励的言辞远比课程内容更能让孩子印象深刻。我们不仅是在传授知识，更是在传递希望。二是当我们因为学生而挣扎的时候，他们的父母很可能也在经历同样的挣扎——把孩子送上校车时他们会紧张，但就算把孩子送到校门口，他们也还是会有点焦虑，总忍不住去想：

> **不要吝惜你的表扬。**

"他今天会不会又惹是生非？"

"有人陪她吃午餐吗？"

"会不会有人在走廊里捉弄他？"

"她是不是又忘带铅笔了？"

　　对于一些学生来说，校园经历并不愉快。车内的静默、晨间的"腹痛"、落下的眼泪都是孩子们在挣扎的迹象，父母亦能感同身受。

这些学生需要我们的关注、耐心与爱心，教育工作者让学生一天天发生改变，最后，也会让他们的父母改变。父母会感激教师对孩子的真挚关怀，虽然教师觉得自己不过是做好本职工作罢了，但对于那些孩子的父母来说，教师守护的却是他们的整个世界。

21

卓越教师以学生的成就定义自己的成功

　　我记得有个教师总是不停地问我州级考试的成绩什么时候公布，迫不及待想知道学生考得怎么样。她投入大量时间辅导学生，竭尽所能想帮助他们取得成功，认为只有他们考出好成绩，她的工作才有意义。俗话说："学生学不会，老师没教对。"这句话虽说有些残忍，但是优秀教师却欣然同意。几年前，我记得我走进一个教师的办公室时，他正在备课。批完试卷后，他有些沮丧地对我说："学生考得太差了，看来是我没讲明白，我得重新讲讲，再给他们做个测试。"在这种情况下，教师放下自己的骄傲实属不易，但好教师愿意这么做。他们知道，衡量教学成果的最低标准就是学生是否理解，以学生的成绩驱动自己去努力。好的教学不只是讲好课，而是用心让学生获得成功。那个迫不及待想知道成绩的教师实际上并没有让我感到反感，相反，我喜欢她的激情与奉献，为学生的成功全情投入。

22

走出舒适区，让课堂拥有更多可能性

要想变得卓越，就得勇于冒险。我至今仍记得在教室里听一位教师对学生们说："这节课我有点紧张，我以前从来没做过类似的事。"那一刻，我为她感到骄傲，因为最令我激动的莫过于听到教师说要在课堂上尝试新鲜事物。有时他们会说："这部分在第一节课效果不好，但我会在接下来的课程中全力以赴。"教师们走出舒适区，冒险尝试，从失败中吸取经验教训，总是让我兴奋不已。

我个人走出舒适区的经历是面对新技术。铺天盖地的新变化让我压力巨大，心存恐惧，有时甚至是心惊胆战。我虽不太情愿地开了一个推特①账户，方便和其他教师联系，但对一些功能还是很生疏。仅仅是看朋友给我演示一些诸如在照片上标记人物之类的

---

① 推特：英文名为Twitter，是一家美国社交网络及微博客服务的网站，全球互联网上访问量最大的十个网站之一。

简单功能，都会让我觉得自己有点傻；我们的系统正朝着万物皆可网上搜索的方向发展，这有点让人不安；我对办公软件的功能略知一二，现在还需要了解如何使用文档、幻灯片、表格和表单，更不用说还要使用全新的电子邮件系统；我不知道如何在谷歌网盘上存储和检索我所有的信息；我刚开始写博客，对自己所做之事几乎毫无头绪；我刚开了一个照片墙①账户，我儿子说我晒的第一张照片简直糟糕透顶。没错，以上种种都证明了新技术让我很不舒服。

但是，我确信自己在成长，也同样确信这些改变会让我的工作更富成效。我下定决心，对于成长的投入一定要超过对于舒适区的渴望。毫无疑问，冒险进入未知领域会让人感到脆弱，因为改变总是伴随着风险，也可能伴随挑战。但是无论如何，我们都要拥抱变化，即使冒险也值得。

想象一下，如果有个孩子想成为一名出色的橄榄球运动员，却认为"我就是对举重不感兴趣"。或是心怀抱负的体操运动员说："我就是不擅长拉伸。"不难看出，这些想法多么幼稚、短视且荒谬。要是有人说这种话，我们也就无须对他们寄予厚望了。你有没有发现自己说过"我对教学技术不感兴趣""我知道科技对有些人来说确实很有用，但是我不擅长"这种话？我就说过好几次"我可不是技术达人"。

你知道吗，学生无法接受我们庸庸碌碌，所以我们得以身作则。重要的是，不要凭感觉做决定，因为我们可能会觉

> 学生无法接受我们庸庸碌碌，所以我们得以身作则。

---

① 照片墙：英文名为Instagram，是一款移动端社交应用，允许用户上传自己拍摄的图片彼此分享，此外还有接收、发送赞和评论等功能。

得尴尬不适。我们做出决定是因为我们知道这是正确的事。我们会失败，会摔个鼻青脸肿，但没关系，因为如果不迈出舒适区，我们就永远无法成长。或许你的目标不是成为最优秀的人，但如果你是一名教育工作者，就会知道你的行为会影响学生。这些孩子值得拥有最好的你。

23

只有教师享受教学，学生才能享受学习

　　成人在枯燥乏味、毫无参与感的研讨会上不会有收获，孩子在无聊的课堂上也是如此，因为孩子就像缩小版的大人，大人其实只是长大了的小孩。要是教师都无法享受教学，学生又怎能体会到学习的乐趣呢？想让学生为听你的课而激动，最好的办法就是你首先要为教他们而激动。好教师不仅是传授知识，他们努力让学生把上学当成积极经历，为学生创造难忘的回忆。学生可能不记得教师为上课做了多少准备，但绝不会忘记他们为班级投入了多少心血。那些不掩饰弱点的教师，会让学生觉得很有吸引力。虽然他们并非十全十美，但不会装腔作势，这样往往是最有效的，因为学生喜欢教师展现真我，不摆架子。他们尊重教师也会有脆弱的时候，理解教师也会犯糊涂，喜欢教师的幽默感。

24

鼓励表现不好的学生重新开始，
激发他们的潜力

新学年开始前，教师可能会在点名册上看见一些眼熟的名字，便对同事抱怨起来："唉，我教过他哥哥，估计他也是那个德行。"或是"我听说，她和她父母都疯疯癫癫的"。教育工作者很容易让学生的名声或者一些道听途说影响自己的看法和对新学年的期望。的确，有些学生犯过的错让他们看起来好像"名副其实"。

但是，有些教师会在新学年给学生重新开始的机会，我对此心怀感激；有些教师能够忽略流言蜚语，不接受别人对那些学生的看法，我也赞赏有加。这些教师的高期望让学生们有机会谱写新篇章，每个学生都值得拥有这样的机会。人人皆会犯错，人人也皆可重新开始，弥补过去的错误。你可以帮助学生"转角遇到新的自己"。

25

最难忘的课堂往往与教科书无关

　　学生会记得参与项目合作、进行课堂展示、解决实际问题、外出参加活动，却可能记不住概括章节内容、用粗体字定义术语或者回答每章书后习题之类的事情。面对现实吧，大多数教科书乏味枯燥，虽然书中的确包含着大量信息，但教育工作者的首要目标不是传授书本上的知识，而是为学生创造积极参与、令人难忘的学习经历。要实现这一目标，教科书算不上是我们的最佳搭档。

26

不要低估试卷上"鼓励笑脸"的价值

真心赞扬永不过时，一点点的鼓励也能产生持久的效果。学生会对教师的支持心存感激，感到被认可的学生通常会再接再厉。一些小小的举动在无形中向学生传达："我为你骄傲！"这是一种强有力的肯定方式。好教师为学生的点滴进步而喝彩。

> **好教师为学生的点滴进步而喝彩。**

如果学生的进步得到认可，他们可能更有前进的动力。顺便说一下，我发现教师也会为一些奖励贴纸之类的小东西感到激动，这让我想起我们有多么重视这种表达欣赏的小小象征。每个人都需要认可，并对他人的称赞心存感激。

27

即使学生行为失当，教师也要行为得当

时刻尊重学生，这点很重要。这一标准虽高，却是教师应具备的素质之一。有时看到一些学生自作聪明，我们总会忍不住挫其锐气，因为我们自认为是最聪明的那一个，担心权威受到挑战，以致课堂失控。为了避免这种情况发生，有时我们会朝他们大吼大叫或者讽刺挖苦一番。这种不当的方式确实能产生暂时的效果，可即使眼下我们看似赢了一局，但从长远来看却输了，因为如此对待学生或自己的孩子，等于是在告诉他们，这就是待人处事应有的方式。

我们投身教育，为人师表，一言一行皆是在为学生做出榜样。你希望有些同事的糟糕行径永远不为人知，是因为你知道我们是学生的榜样，无论是好榜样还是坏榜样。

学生每时每刻都在注视着我们，这促使我们做出最好的表率，确保自己无愧于为人师表。

28

用关怀之心和学生真诚地沟通

　　建立良好的师生关系可谓是头等大事，此事说起来容易，大多数人也都认同，但是有些教师可能并不知道如何建立这种关系。好消息是，人人都可以做到！首先，你要真心渴望与学生沟通，要花时间和他们交谈。当然，不是谈论课程内容，而是谈谈他们的家人、朋友、课外兴趣，哪怕是让他们恼火的事。关系的建立需要时间，一次谈话可能远远不够，但如果你坚持与学生真诚互动，良好的师生关系就会慢慢形成。大多数学生对了解他们喜好的教师心存感激，如果他们觉得你喜欢他们，真的关心他们，他们往往会以积极的互动回应你。当然，这一切都要以教师对学生真诚的关怀为前提。

29

和学生课前简单聊10秒钟，
可能胜过上课45分钟

　　教学技术取代了教室里的许多东西，但那些与走进教室的孩子们微笑打招呼的教师绝不会被取代。在学生进教室时和他们聊聊天，比上课铃声更能让他们投入到课程当中。每一次的击掌、碰拳、握手或拥抱，都是在告诉他们："你很重要。"有时候当孩子并不容易，上学本身已是压力满满，除此之外，他们在家里、校车上、走廊里都可能遇到不太愉快的事。如果在进教室时能和教师聊聊天，可能会为他们的一整天注入积极活力。教室门口一声真挚的问候可以为课程奠定良好的基调，唤醒学生的正向思维，甚至可能驱散他们心中的阴霾。

30

你的工作比任何课程计划或考试更重要

我并非从一开始就立志成为教师，而是在大二那年转入教育学专业的。刚上大学时，我的专业是社会学。一次偶然的机会，我听到了1986年美国国家年度教师[①]盖伊·杜德[②]的演讲录音，他在演讲中分享了儿时痛苦的校园经历，还深情回忆起那些鼓舞与支持他走过那段艰难时光的教师。他的演讲牵动着我的心，激起了我内心深处的共鸣，我翻来覆去地听了一遍又一遍。可以说，正是这卷录音带激励我走上了从教之路，因为我也想改变学生的人生！

我执教的第一年是在一个贫民区的高中。我记得当时和一些高二年级的学生讨论他们的梦想、抱负和人生目标，有个学生的回答

---

① 美国国家年度教师：即美国国家年度教师奖的获奖者，该奖项是美国教育界的最高奖项，于白宫颁发，能获此殊荣的教师代表了美国中小学教育的最高水准。

② 盖伊·杜德：来自美国明尼苏达州布雷纳德高中，教授语言艺术课程。

让我措手不及。在谈到未来他会住在哪里时，他斩钉截铁地说："我会在贫民区住一辈子。"话音刚落，一些学生就大笑了起来。他的话让我知道，他觉得其他同学对未来的美好畅想都是在痴人说梦。那一刻，我深深地感到悲哀。几年之后，我遇到了那所学校以前的学生，在与她的交谈中，我进一步印证了那个当年让我崩溃的事实：有些学生并不觉得自己的未来会与现在有所不同。他们家里没人念过大学，他们自然也不认为自己能念大学；教育没能帮助他们身边任何一个朋友或家人找到出路，他们同样也不认为教育可以改变命运。这些似乎已然成为某些寒门学子的思维定式。

如果你身边的学生都来自富裕家庭，那么你的驱动力可能会有所不同，但这并不意味着这些孩子就对人生充满希望：有些学生可能正在遭受抑郁症、饮食失调、药物滥用或焦虑症的折磨；有些学生在家里遭受情感忽视，他们虽不缺乏物质财富，却感受不到关怀；有些学生表面看起来一切正常，但其实并不快乐。他们无法想象有任何改变能让目前境况好转起来，也看不到人生出路。

> **教师能够给予学生比好成绩更有价值的礼物——希望。**

身为教育工作者，我们不仅是在教书，更是在育人。我们希望为学生创造更加光明的未来，但首先他们需要预见更光明的未来。教师能够给予学生比好成绩更有价值的礼物——希望。大多数学生看不到自己有多大的潜力，因此教师要帮助他们意识到人生拥有无限可能，并为他们注入一种信念：你的能力远远超乎你的想象。

31

要时刻尊重学生

几乎所有教师都是因为想有所作为而进入教育行业。回忆学生时代崇拜的教师，我们不仅对当时的感受记忆犹新，也往往知道班上其他同学乃至全校同学的感受也是如此。我们投身教育是因为想成为如他们一般优秀的教师，让学生每一年、每一天都能成长与改变。你可能见过T恤衫上印着："没人会问你最喜欢的州长是谁，所以我当了教师。"教师对学生产生的影响显著而持久，这就是他们的特别之处。

可悲的是，许多人也能想起那些无所作为的教师，他们不曾影响过任何一个学生，更谈不上影响所有学生了。他们不仅没能提高学生的能力，反而可能遏制了学生的发展。有些教师甚至会打击学生，让学生觉得自己不够聪明。他们带来的种种糟糕记忆仍在我们脑海中挥之不去，给我们造成的伤痛往往毫无征兆地发生，如同闪电般地突然一击。作为教育工作者，我们的工作是保证学生的能力不断提升，让他们觉得自己与众不同。其实这一点所有教师都知道，大多数教师能做到，但只有最优秀的教师才会日复一日地坚持。

32

以学生为中心，与学生建立最佳的关系

好教师不仅教书，还要育人，师生间的联系能使任何课程和教学法都相形见绌。世界上并不存在什么神奇的教学策略，但是教师与学生之间的沟通具有魔力。最优秀的教师甚至竭尽所能地与课堂上难管教的学生沟通。针对所有学生的教学必须在课堂上进行，但师生间的个人互动往往最有影响力，一对一沟通的效果尤其不容小觑。

教师可以只为应试而教学，无须与学生建立有意义的联系，但让学生取得好成绩并不是好教师唯一的目标。当毕业生回校时，他们会看望那些对他们感兴趣的教师。要知道，优秀教师的馈赠往往不是课程中的知识，而是他们与学生建立的良好关系。教师对课程的热情可以改变学生的学习态度，而有些情况下，这种良好的师生关系才能真正使学生愿意学习。

我懂得这个道理的时候是22岁，满怀抱负。在那个学年的最后几个月里，我在一所非传统学校①辅导一名15岁的学生。他的态度和行为极其恶劣，无法在普通学校上学。说实话，对以前的教师来说，他确实很棘手。我已经记不太清我们第一次见面的情形了，只记得他进来的时候像个刺儿头，身穿带有重金属乐队图案的黑色T恤，脚蹬黑色军靴，梳着标新立异的发型。我很快意识到，我需要和他融洽相处，否则我们的关系可能永远不会积极有效。如果不建立起联系，接下来的几个月可能会相当漫长。我发现他喜欢音乐，喜欢弹吉他，最喜欢的歌手是爱丽丝·库珀②。于是，我问他是否愿意带吉他来学校教我一些和弦。我找到了一把能用的旧吉他，他在课余时间教我弹奏，我则会在他学习的时候自己练习，最后甚至能弹奏一段爱丽丝·库珀的歌曲。

日子波澜不惊地过去，他顺利地完成了在非传统学校的学业。毫无疑问，如果不谈谈音乐、弹弹吉他的话，我们共度的时间就不会如此富有成效。25年过去了，我仍然记得他教我的吉他和弦，这段经历也时常在我脑海中浮现，提醒我与学生建立联系有多么重要。最优秀的教师并非课讲得最好，但与学生的关系总是最佳。有时，没有良好的师生关系，课程甚至都无法顺利进行。

---

① 非传统学校：旨在帮助初高中的学生解决行为问题和学业问题的非传统教育机构。

② 爱丽丝·库珀：美国休克摇滚歌手，被誉为休克摇滚之父。

33

吸引学生的不是课程，而是教师

如果问及学生最喜欢上什么课，他们的回答往往不在于科目本身，而在于授课教师。学生未必会一直记得某节课的内容，但那些关心学生、"傻里傻气"、乐于沟通、热爱工作的教师以及那些让课堂充满友好、幽默和欢乐气氛的教师却会让他们铭记终生。

任何一个参与初高中学生选课的管理员或课程顾问都知道，教师对于学生选课有举足轻重的影响。很多时候，学生会仅仅因为授课教师而报名某些课程。教师的名声很快就会在学生中传开，无论是选择职业技术选修课、外语课程，还是选择要求严格的先修课程①来挑战自己，学生通常都会根据授课教师做决定。学生似乎总是被某些教师吸引，这种情况在学校中屡见不鲜。

———————————

① 先修课程：美国中学生在上大学前所修习的课程，此类课程可以获得大学的学分。

34

做一名有趣的教师

　　我常常要求教育工作者回忆学生时代最好的教师，从他们的表情能看出，那位教师的课让他们觉得与众不同。这样的话题往往能活跃气氛，甚至让人在空气中嗅到一丝激动的气息。令人惊奇的是，这些教师年龄不同、身份各异：有的是热情友善的幼儿园或小学一年级教师，有的是更为注重教学内容的中学教师，还有的是对他们影响深远的大学讲师或教授，也有许多人回忆起了那些激励与鼓舞他们加入教育行业的教师。

　　接着，我让他们与同伴分享这些最佳教师的特质。顿时，整个房间沸腾了，他们微笑着，回忆那位有影响力的教师上课的场景，有时甚至掉下泪来。回忆那些特别的人、那些特殊的时刻是多么令人愉快！

　　这些教育工作者讨论的最佳教师似乎有许多共同特质：和蔼友

善、关心他人、聪慧机敏、喜爱学生、善于启发、精力充沛。以上种种特质固然重要，并且能够对学生产生深远影响，但有一个特质似乎被反复提及，那就是——有趣。

现在，进一步检视这一特质，我们会发现有趣具有不同的含义：一个搞笑的教师可以让课堂很有趣，但走搞笑路线可能会让我们越来越不称职，而当一名有趣的教师则是另一回事。如果想变得有趣，那就试着微笑、大笑、自嘲，与人为善吧。与他人同乐而非拿他人取乐，是成为好同事、好家长以及良师益友的要素。幽默感若在生活中只能算是调剂品，在课堂上则是必需品。

35

成为学生的榜样

　　除了有效授课之外，学校还需要为学生提供安全处所、保护措施、经济援助、餐饮交通，等等，但有时候我们可能忽略了为学生树立良好关系的榜样。许多学生来自非传统家庭[①]，当然我不是说这类家庭本质上存在着负面影响，更不是简单评判，只不过，某种家庭环境可能会限制孩子对于良好成人关系的认知。因此，学生需要在学校看到成年人团结合作，对那些在家里无法看到成年人和谐相处的学生更是如此。

　　许多人会把在家中看到的行为方式作为常态，无论这种"常态"是否真的常见。孩子成长于充满爱与关怀的家庭中自然最好，不过我们也认识并非成长于这种环境的学生：他们来上学可能主要是为

---

① 非传统家庭：包括单亲家庭（由单身父亲或母亲养育未成年子女的家庭）、重组家庭（夫妻一方再婚或者双方再婚组成的家庭）在内的家庭模式。

了感受关爱，而非学习知识。这很正常，我们知道关爱是高效能学校必不可少的要素。然而，学校还需要给学生机会，让他们看见两个成年人成功合作，因为无论来自于哪种家庭，有太多太多的学生从未在家里见过这种情形。

设想一下：从未见过成年人成功合作的学生毕业离校后，会遇到多大的障碍与限制！他们在工作中成功的机会将大大减少，在个人关系中成功的希望也十分渺茫。学校必须想出办法，让成年人互动起来，使学生能经常看到性格迥异的个体积极高效地合作。虽然这种方法看起来微不足道，却是我们能够给予学生的重要礼物。

36

课堂管理的最佳方式在于
赢得学生的心

　　我注意到，同样的学生在某些课上表现良好，而在其他课上却表现欠佳。我知道坐在一个教室里的孩子会对彼此的行为产生影响，但我也清楚教师对学生的行为可能具有更大的影响力，他们对于学生的期望往往比墙上的规章制度更重要。事实证明，有效课堂管理必不可少的第一步就是：真心实意地喜爱你的学生。对真心喜爱他们的教师，学生会给予更积极的回应，表现也会更好。但课堂管理的最佳方式不在于控制学生的行为，而在于赢得他们的心，与他们建立联系。我们是否能够赢得他们的尊重，取决于我们如何对待他们。我们也要理解，学生行为出格，往往是因为需求没有得到满足。惩罚或许可以训诫学生，但并没有满足他们的需求。有时候，学生需要为自己的不良行为承担相应的后果，但是这些后果往往无法改变不良行为，也很少能让他们心服口服。我们不是用后果来教育学生，而是要与学生建立良好关系。事情往往就是这么简单：当你和孩子相处融洽时，课堂管理就容易得多了。去了解你的学生吧，一切都会大有不同。

> 我们不是用后果来教育学生，而是要与学生建立良好关系。

37

重视提问，培养学生的创造力

　　我们往往过于注重训练学生言听计从，重视服从胜过参与。学生和家长的动力往往是考个好分数而非渴望学习知识，许多学生只关心"这个知识点考试会考吗"。我们要鼓励学生跳出这种思维定式，重视独立思考，同时教师要考虑如何充分利用学生提出的问题。只有让学生认识到失败意味着新的学习机会，重视努力而不仅仅是成绩，重视过程而不仅仅是结果，我们才真正开始鼓励创新。

　　这一过程对学生来说不会太舒服，但优秀教师能把学生推出舒适区，因为他们营造了令人安心的课堂环境。这一环境至关重要，因为学生只有挑战薄弱之处才能成长，而如果没有令人安心的环境，他们则很难去冒险挑战。营造这种环境的一种方法是，教师要对自己的失败开诚布公，坦言自己身为教师也会冒险，让学生们看到教师也会失败，这点很重要。教师最有价值的贡献可能不是当成功典型，而是成为在失败中前进的榜样。当教师们像重视正确答案一样重视好问题时，他们就会培养创造力。

38

学会反思自己

　　每个教师都遇到过课程进行不顺利的情况，不过，最优秀的教师不会认为自己一败涂地，而是从中吸取经验教训；他们不会责怪学生，埋怨他人，而是反思自己在授课过程中的角色。怎样能将课程目标描述得更清晰？怎样给学生分组更符合教学策略？什么活动和主题联系更密切？如何评估能更有效地检验课堂学习效果？这些都是他们要思考的问题。优秀教师知道，要成功上好一堂课，自己的角色至关重要，因此他们不断在实践中反思，以求精进。

39

不要低估你对学生的影响力

教师每天要与学生进行数百次沟通，其中许多可能是琐碎小事，也有一些相对严肃的话题。但对教师来说，一天结束时，所有的谈话内容似乎都交织在一起，他们已经记不太清了。可是学生在一天中只和几位教师交谈过，所以他们对谈话内容印象更深。或许教师这天过得不顺心，回复学生时很急躁，这种无礼回复会在学生心里留下负面印象；或许教师问学生周末有什么计划，学生激动地描述即将举办的生日宴会，但是教师听一会儿就走神了，什么都没记住，不过对于学生来说，这一刻却无比珍贵。其实，学校里的许多事对成年人来说意义不大，却可以给孩子留下深刻回忆，教师友好的话语可以点亮学生平淡的一天。我们永远不知道哪些话会让学生记忆犹新，因此要认真对待每一刻。

40

学会管理自己的情绪

人人都有顺心和不顺心的时候，没人永远是人生赢家。不过，有些教师却能够不让个人情绪影响课堂和人际关系。优秀教师即使心情不好，也会勤勉工作，不让坏情绪影响学生和同事。他们似乎有种神奇的力量，能在课堂上屏蔽坏情绪。

不过，学校里可能还有另外一种教师，当他们心情不好时，全校人人皆知，倒不是因为这种情绪太过明显，而是因为他们可能到处宣扬，甚至有点以此傍身的意思。他们可能会走进教室，威胁一般地向学生吼道："我今天心情不好，都别惹我！"如果教师真的这么做了，可能会招致一些学生的逆反和反抗。

不过，这并不意味着，优秀教师不会与学生分享自己的烦心事。这种情况虽然少见，但他们还是会向学生敞开心扉，以同理心和关爱学生的方式来表达自己的感受，因为他们不想拿苦心与学生建立起的关系去冒险。

　　人人皆有诸事不顺之时，优秀教师会努力不让自己的负面情绪影响他人。

41

时刻铭记教育的核心价值

如果你从教多年，无疑见证过许多课程开设又取消，学术标准改了又改。从合作学习到差异化教学，再到基于问题的学习方式，教学法也在不停地演变。技术创新更是涉及方方面面：从自动铅笔的发明到幻灯片放映机、互动式智能白板的问世，不胜枚举。显而易见，教育界发生了许多改变。

但有一件事永远不变，那就是优秀教师的品质。优秀教师有三个共同点：以学生为中心、总是为课堂注入正能量和不断精进。这些品质历久弥新。教学策略和教学实践或许会随着时间改变，但是激励教师的核心价值永不过时。

42

教学不仅是授课，
而且要让学生自我感觉更好

"也许人们会忘记你说过的话，但永远不会忘记你带给他们的感受。"教育工作者常常引用这句话，是因为它直截了当地指出教师对于创造积极课堂氛围的重要性。好教师不遗余力地鼓励学生，时常赞赏他们，避免讥讽嘲笑，并控制自己的负面情绪。教师可能需要不时向同事发发牢骚，但是贬低自己的班级绝对不是明智的做法。好教师努力让课堂成为所有学生情感上的安全港湾。实际上，如果学生自己感觉良好，他们的学习效果会更好。学生并不复杂难懂，他们和我们一样，只是需要得到他人的支持、鼓励与重视。处于良好课堂氛围中的学生，下课后自我感觉会更好。以下是创造良好课堂氛围的5项建议：

1. 与走进教室的学生说话；

2. 对每个学生有所了解；

3. 公开表扬，私下批评；

4. 该道歉时就要道歉；

5. 别把自己看得太重要。

43

尽可能多地观看学生的比赛、音乐会或演出

我对那个夜晚记忆犹新——排球比赛结束后，我女儿一上车就激动地叫道："爸爸，老师来看我的比赛了！"学生与教师之间的联系往往会让学生觉得校园生活充满意义。那些对他们感兴趣，愿意花时间去了解他们校外活动的教师，他们会铭记于心。说实话，这些校外活动可能才是他们最看重的，是他们的激情所在。所以，花些时间参加学生的音乐会、话剧或比赛，说明你在走进学生的世界。学生会注意到你在场，并且铭记于心，他们的父母也极有可能注意到你出席。

我知道教师也有个人生活，可能也要参加自己孩子的活动。但如果他们能抽出时间支持学生的课外活动，既可以促进师生关系，又可以增进与家长的相互理解。在课外支持学生的教师更可能在课上得到学生的支持。

44

最优秀的教师不会忘记当学生的感觉

当个孩子不容易，上学有时候是件挺有压力的事。要是教师能记得学生时代的事就再好不过了。那个时候，他们也记不住储物柜密码，也曾因为新发型而遭到同学取笑，还希望有人和他们一起吃午餐。如果教师能理解学生的种种压力和焦虑，待他们就会更为宽厚，师生关系也会更为融洽。

上学有时候也是件挺无聊的事。最优秀的教师记得他们当学生时，盯着时钟的指针缓缓移动是何等的漫长；记得自己一个人要完成所有小组成员的任务；记得教师让那些没完成分内之事的学生离开，自己觉得多么不公平。拥有同理心的教师努力不让自己成为那样的教师，认真对待自己的专业职责，却不会过分看重自己，因为在内心深处他们仍然是个孩子，学生也因此喜爱他们。

45

帮助学生找到自己的价值

有些学生会做好课前准备，配合教师，彬彬有礼，给他们上课很轻松，但是教师的最大成就来自于那些难教的学生。有些孩子很难规规矩矩，但好教师不会放弃他们，明白他们表现不好不是因为喜欢惹麻烦。好教师不会降低标准，而会试着去了解学生不良行为背后的原因。好教师会表现出同理心，与学生建立联系，帮助他们找到自己的价值，帮助他们与他人往来，在别人不相信他们时，依然给予他们信任。

我永远忘不了我让埃丽卡转去非传统学校的那天。这个女孩扰乱纪律、态度恶劣，大多数教师都为她转学感到高兴，但有一位教师来找我，问我能否让她先回教室上完第三节课。他说："她一定不能错过这堂课。"当他提出这一请求时，我差点哭了出来。这种非凡的同情心与奉献精神不正是那些行为问题学生所需要的吗？

　　要是没有遇到有爱心、有耐心、懂变通的教师，那些学生又该如何顺利完成学业呢？

46

关注自己，才能更好地影响学生

　　我们很容易陷入"指责游戏"当中，可能常常听到同事抱怨之前的教师没把学生教好，要么是幼儿园教师的问题，要么是小学教师的问题，当然也很可能是初高中教师的问题。天知道，在当今这个社会，父母对子女的教育也存在诸多问题。

　　除此之外，我们可能还会抱怨那些制定法规政策之人，觉得他们装得好像比那些为教育奉献终生的教师懂得还多。指责之言满天飞，其中可能不乏一丝真相，但是我们更需要关注能控制的事情，而不是那些超越自身能力的事情。

　　身为教师，我们能够决定如何分配时间和精力。如果选择关注超出我们直接影响范围的事，不仅工作效率会直线下降，自我驱动能力也会随之大幅减弱。时而感到沮丧很正常，但是我们不能因此就减少努力，更不能让这种消极情绪影响到学生。

许多事情我们无法控制，很容易就陷入抱怨之中，在教师休息室里经常能碰到这样的教师。然而，为了保持我们的动力和能量，继续有所作为，我们必须不断把注意力重新放到最能影响的事物上，也就是我们自己身上。如果你发现自己因为学生而沮丧不已，工作没有动力，和学生家长及同事关系不佳，要想扭转这一局面，我们首先要做的就是跑到洗手间，看看镜中的自己。

虽然只有我们单方面的努力是不够的，但是第一步应该从自身做起。一旦我们意识到，一切由自己决定，就能找到解决方法。我们一定要记住，推动改变的方法有很多，但让改变发生的先决条件是由内而外，由己及人。

47

个性化教学，让每一个学生都获得成功

　　早在《残疾人教育法案》^①将个人教育计划立为法规之前，好
教师就深谙因材施教的道理。他们为了学生的成功尽心尽力，但是
他们更加明白不同的背景、能力和独特的需求对孩子的学习经历影
响深远，知道学生的学习方式和节奏不尽相同，因此，他们会实行
个性化教学，时而还会进行个性化评估。每一名学生都应该接受优
质的教育，这也就意味着教师应该因材施教。好教师愿意竭尽所
能，只为所有学生都能获得成功。

---

①《残疾人教育法案》：20世纪晚期由美国国会通过的一项法案，规定保证每一个残疾儿
童最大限度地在公立学校的教学环境中接受其适合的教育。

48

确保每一天都友善对待学生

　　优秀教师有许多品质：全情投入、精力充沛、充满智慧、关心学生，不一而足。不过，想要成为能够影响与改变学生的教师，就必须友善。即使心有疑虑，也要友善待人，学生值得我们友善对待，同事渴望与我们友善共处。要是别人对我们不友善，友善对待他们则难上加难，更毋庸说深入了解他们了，但好教师和优秀的人还是会一如既往。无论是无法友善待人的学生和成年人，还是对我们不友善的人，我们都见过太多太多，可如果我们对他们不友善的话，他们就更难对别人友善了。

　　我们必须时刻谨记，许多学生的成长环境超乎我们想象。也许他们从未感受过甚至从没见过同情与关心，如果我们不能做出良好榜样，他们又能向谁学呢？想到这里，我们会为他们感到遗憾。要是再想想这些孩子长大成人、为人父母之后如何教育自己的孩子，会更让我们心头震颤。最起码，我们要做到每天都友善对待学生，只因他们值得，我们亦然。作为一名教师，你不必待人友善，但要成为一名优秀教师，你必须友善对待学生。

49

不断精进，将每一堂课都讲到最好

　　大多数优秀教师并非天生如此，他们的优秀绝非出于偶然，而是不断学习、努力适应、主动成长、拥抱新理念、不甘平庸的结果。他们追求优于昨日的自己：下课之后，他们反思下一次如何讲得更好；暑假期间，则思考如何改进下一学年的课程。这就是优秀教师的生活。虽然他们的课程并不总是最有创意的，但是他们会继续尝试，不断改进。这种不懈努力、提升专业技能的精神不仅鼓舞着身边的同事，也让学生受益良多。最受爱戴的教师不是课讲得最好的教师，而是那些不断打磨课程的教师。

50

每时每刻都要为学生带去积极影响

上学的趣味在于其独特的周期性：先是令人激动的开学，接下来是各种各样的节假日、考试，最后期末便近在眼前。日程按部就班地进行着，我们的精力也随之上下起伏。

新学年的到来让师生都兴奋不已，脸上洋溢着希望与乐观，以战无不胜的姿态迎接新学年。可是用不了多久，行为问题可能突然出现，学生不断挑战我们的耐心，同事的消极情绪在不知不觉间蔓延，还有些家长消极配合我们的工作。

在漫长的秋季学期里，天气渐冷，长时间处于室内的师生可能多少会觉得有些烦闷。考试一直在我们脑海深处盘旋，不断逼近。从让所有学生为考试做好准备，再到最后分析总结考试成绩，整个流程走下来简直就像扒掉我们一层皮。而当这看似重要的任务终于结束时，一抬头发现，已是年终岁尾。

而当天气渐暖，学生和教师可能又开始坐立难安。有的班级会在黑板上写下距离放假还有多少天；有的班级即使没这么做，也会在心里默默盘算着日子。所有人都在盼着放假，但不同的教师会采取不同的应对方式。

有些教师会失去动力，不知该如何打发剩下的日子。我们很容易陷入这样的思维定式，认为考试结束了，学生会觉得此时我们做什么都"不算数"。

有些教师则不同，他们知道时间极其宝贵，再短的时间也能带来改变。他们知道既然考试已经结束，无需再为考试犯愁，便可以做一些对人生有价值的事，这是一年中绝无仅有的好时机。

离放假还有10天，有些教师便早早地收起了课本；而在放假前的最后10分钟，有些教师仍在努力带来改变。我们与学生相处的时间有限，因此一定要充分利用好每一刻，不断为他们的生活带来积极影响。

51

教师的态度直接影响学生的学习态度

如果学生问："我们为什么要学这些东西？"这可是个值得好好回答的问题，需要我们给出一个合理答案。教师对于自己所授课程的看法至关重要：对自己课程感兴趣的教师讲起课来可能会更生动；认为课程内容对学生有用的教师可能会帮助学生把学习内容和实际生活联系起来；认为课程内容非常有价值的教师在讲课时可能会激情四射，引人入胜。教师对于课程的态度势必会影响他们投入课堂中的热情，也无疑会影响学生的学习态度。

52

要留心学生的良好表现，
尽可能多地表扬学生

　　你是否经常听到同事抱怨学生"她就是想引人注意"，或是"他不过是在博人眼球罢了"。其实，想得到关注再正常不过。谁不想成为众人瞩目的焦点？谁不想成为举足轻重的人？如果学生有正当理由得到关注，就不太可能行为出格。每个孩子都有自己的天赋或才能：有的笑容灿烂，有的提问精辟，有的擅长魔术，有的创意十足，有的乐于助人，有的能记住电视剧的台词，有的能让人捧腹大笑，还有的写得一手好字。我们需要发掘这些长处，并大加赞赏，即使有些对我们来说似乎微不足道。

53

用积极的态度感染学生

你的孩子耳朵发炎整夜未睡，上班的路上你又弄洒了咖啡，着急复印的时候复印机偏偏没墨了……无数的大事小情都让你抓狂的一天。有时候似乎整个世界都在和你作对，让你筋疲力尽，情绪低落。我的办公室里挂着一张迈克尔·乔丹灌篮的海报，我在上面写了一句话："你要战胜什么？"环境往往非人力可控，但我们可以控制自己的应对方式：成为受制于环境的弱者还是战胜环境的强者，取决于我们的选择。我们的态度不仅会影响自身的情绪健康，也会影响身边的每一个人。无论是在餐桌旁、走廊里、办公室中，还是教师大会上，人们都能感觉到我们的态度，在教室里更是如此。不是美好的日子主动找上我们，而是我们选择让日子变得美好。

54

想要改变学生，先要改变自己

教师希望某些学生能好好表现。细心观察最优秀的教师，会发现他们活力四射，似乎完美无缺。不过完美其实并不存在，他们也是无数次地调整与改进自己的行为之后，才使学生的课堂表现得到改善。

教师希望学生更有自控力，或者更懂得尊重，这种希望往往会落空。最优秀的教师好像每年都能遇到最优秀的学生，不得不说是件奇事，但是我们心里清楚，这不是简单的巧合。我们知道，观察教师的言行举止就基本上就可以了解学生的风貌，因为教师对学生的行为方式有着深远的影响。

关注自身行为并多加反思，是在学校里和课堂上影响学生的关键。知道这一点之后我们应该松口气，因为如果等学生、家长或者这个社会改变，要等上很长一段时间，而如果寄希望于改变自己，我们此刻就可以开始行动。

55

教师不仅会影响课堂氛围，
也会影响校园文化

校长打个喷嚏，整个学校的人都会感冒。无疑，校园文化的形成也是自上而下的。不过，为校园文化奠定基调，并不是校长从无到有地去创造，因为校园文化的形成与学校全体教师的价值观、态度和行为密不可分。课堂是奇迹诞生之地，校园文化于此形成，也可能于此遭到破坏。虽然教师最重要的角色是知识的传授者，但他们与校园文化息息相关，因此也绝不应该低估自己对校园文化的影响力。他们的一言一行可能对校园文化产生积极影响，也可能造成消极影响。如果你是一名教师，如何为校园文化带来积极影响，以下有5种具体方法供你参考：

1. 观摩其他教师的课堂，也请他们来观摩你的课堂，提升专业技能的最佳策略之一就是向学校里的其他教师学习。通过同行观摩，我们可以培养合作的校园文化，增强教师间的凝聚力，让借鉴最佳教学实践模式成为可能。

2. 为学生的成绩负责，与同事分享你的数据。那些最成功的学校善于利用数据来制定教学政策，推动学校发展。虽然分享评估结果并不总是一件轻松的事情，但却是形成良好的专业学习社群必不可少的做法。迈出这看似可怕的一步，与同事分享你的数据，他们也会受到鼓舞，跟随你的脚步。你的坦率显示出你无所畏惧，直面弱点。那些彼此坦诚分享数据的教师可以更好地提升学生的成绩，无须等待校长或教研员召开数据分析会。有话就说，这样你的同事也更有可能分享他们的数据。

3. 哪怕当众失败，也要勇于冒险。教师很容易自满，要是现状还不错，就更容易止步不前。在课堂上尝试些新方法，然后与同事分享结果。如果新活动或新策略没有达到预想的效果，你可以果断放弃或者加以调整，不过记得与同事分享经验，然后继续前进。你的勇气和开诚布公也会激励其他教师打破常规，只有教师不惧失败，创新精神才能在校园中茁壮成长。

> 对问题学生要耐心，始终铭记你的初衷。

4. 对问题学生要耐心，始终铭记你的初衷。大多数教师都会在工作中遇到难管教的学生，很容易在休息室里、餐桌上、走廊里乃至教师大会上抱怨一番。无论如何，他们都是我们的学生，因此我们要给予他们信任和同情，理解是校外的不幸遭遇造成了他们的不当行为，那些最难管教的学生往往最需要我们的关爱。其他教师会注意到你如何对待那些学生，你的耐心提醒着他们，改变孩子的人生才是重中之重。

5. 哪怕身处逆境之中，也要保持积极乐观。人人都有艰难的日子，有些情况可能会打击教师的士气。面带微笑，保持乐观，想办法提醒你的同事："杯子里还有半杯水呢！"乐观具有感染力，悲观亦然，我们想让校园处处洋溢着快乐的气氛还是弥漫着愁云惨雾呢？你每天带到工作中的积极能量会鼓舞身边的人，你保持乐观向上的努力会在校园中产生正能量，让那些"否定论者"无人关注。

如果你是一名教师，那么你生来就该有所成就！你为卓越而生，要常常意识到你可以改变孩子，但别忘了你也能改变成人。日复一日，你的言行举止不仅影响着你的课堂，也塑造着校园文化。你在工作中的价值观、态度和行为会激励你的同事，凝聚学校的核心价值观，让所有教师团结合作，实现学校的愿景。记住，同侪压力不仅存在于青少年之间，也存在于成人之间。

56

不要忽视与学生相处的任何一个小细节

你或许从教多时，也可能即将从教，你具有专业素养，在每日的工作中为学生带来影响，给他们留下难忘的印象。那么关于你，他们会记住什么呢？

他们可能记不住：

你采取的二级干预①策略；

你真实可信的评价；

你精心设计的课程；

你具有创新性的评分标准；

你绘制的课程导图；

---

① 二级干预：是指对部分学生进行较多关注，通过民主科学的管理机制、规章制度约束学生，提供相应教育服务的一种差异化教育方式。

你精心布置的公告板；

你制定的基准分数；

你写在黑板上的课程目标；

你课程的最后一个环节；

你的高学历或者高资质。

以上都是加分点，如果你在教学实践中体现了上述品质和行为，教学效果会更好。不过，千万不要因为学生不记得这些而灰心丧气，因为他们会记得许多事情。

他们会记得：

你在体育课上和他们玩躲避球①；

你会和每个进教室的学生碰拳；

你给他们讲假期趣事；

你从不放弃他们；

你是多么友善；

你和他们在走廊里真诚地交谈；

你在餐厅里制止言行刻薄的学生；

你总是在微笑；

你为错误的决定向全班同学道歉；

你想办法让忘带午餐的学生吃上饭；

你出席他们的比赛和音乐会；

---

① 躲避球：起源于英国，随着欧洲移民新大陆并在1900年左右盛行于美国的一种新兴球类运动。

你对教学似乎总是充满激情；

你不介意做点儿傻事；

你打电话慰问生病的学生；

你真心喜欢与学生相处；

你对那些不值得耐心以对的学生也充满耐心；

你让他们觉得学校生活尚可承受；

你鼓励他们追梦。

继续参与这些活动，实施有效策略，彰显专业教育工作者的风采。只要认真磨炼你的技能，就会有助于提升学生的成绩，赋予他们更加光明的未来。不过，你必须牢记，你能给予他们的远不止评价等级和考试分数，你的影响产生于和学生握手、击掌、拥抱、谈心的那些时刻。因此，不要忽视任何一个小小的细节，因为孩子们会记在心里。

这样，学生便会记住你，想起你时也会面带微笑，因为你是他们的教师，是你改变了他们！

走近作者

丹尼·斯蒂尔博士从事公共教育超过25年，除了担任过不同层次的学校校长外，还担任过教师和教练。他于2016年获得"阿拉巴马州年度中学校长"称号。

斯蒂尔博士曾多次出席州级和国家级会议，并担任蒙特瓦洛大学兼职讲师，其教育领导力博客访问量超过500万。他先后获得圣约学院的历史学学士学位、阿拉巴马大学的历史学硕士学位以及桑福德大学的教育管理学专业硕士学位和教育领导学博士学位。

他与妻子霍莉现居于阿拉巴马州的伯明翰市，育有三个孩子：小丹尼、威尔和伊丽莎白。

托德·威特克尔博士是密苏里大学的教育领导力教授、印第安纳州立大学名誉教授。在从事高等教育之前，他曾担任数学教师、篮球教练和初高中校长，也担任过中学协调员，负责新中学所需的教职工、课程和技术的管理工作。他以绩效卓著的教师和校长为研究对象，全心追求他所钟爱的教育事业。

威特克尔博士是激励教职工、引领变革、提升教师和校长效能等领域的美国权威人士之一，出版著作五十余部，包括畅销书《从优秀教师到卓越教师》《改善学生课堂表现的50个方法》《你的第一年：新教师如何生存和发展》《给教师的40堂培训课》《优秀教师一定要知道的17件事》《优秀校长一定要做的18件事》《一看就会的课堂设计：三个步骤快速构建完整的课堂管理体系》《每一位教师都是领导者：重新定义教学领导力》《学校管理最重要的48件事》等。

他的妻子贝丝也是密苏里大学的教育领导力教授，曾担任教师和校长。他们育有三个孩子：凯瑟琳、玛德琳和哈里森。

期待反馈

　　哪些原则和教学案例最能让你产生共鸣？在推特上搜索 #essentialtruths，分享你的想法，与丹尼·斯蒂尔（@steelthoughts）和托德·威特克尔（@toddwhitaker）对话吧!

托德·威特克尔

积极热忱的言行举止会让人对你产生良好的第一印象，学生也将以积极的行为来响应你。因此，无论何时何地，请务必确保自己能呈现给学生和家长积极热忱的第一印象！

--- ◆ ◆ ◆ ---

如果学生因课堂行为问题而需要换座位时，请仔细思考：如何让这件事看起来不像是对他们违纪行为的惩罚。请努力选择一个既不伤害学生自尊，又能让你维持良好的课堂纪律的方法，来巧妙安排学生的座位。

--- ◆ ◆ ◆ ---

如果能深入走进学生的内心世界，你一定会产生极大的满足感，这也将有助于建立你和学生之间的良好关系，并进一步让学生的行为变得更好！

请让学生自己去决定是否将他们的故事和秘密公告于众，不要擅自揭露他们的故事和秘密。

每一个家长都会敬重那些关心自己的孩子并乐意与他们共同教育孩子的老师。

--- ◆ ◆ ◆ ---

无论你教的是几年级的学生，教的是什么科目，你都必须先建立一套课堂管理章程，这是老师必须完成的一个重要任务，也是课堂管理的核心！

--- ◆ ◆ ◆ ---

老师制定的规则不宜超过5个，无论如何，请坚持鼓励学生做出良好的行为。

--- ◆ ◆ ◆ ---

如果你没有遵守对学生的承诺，就会失去学生对你的信任。

--- ◆ ◆ ◆ ---

当你让学生感觉到他们的想法和意见对你很重要时，实际上，他们通常会更倾向于做你想要他们做的事！

当你向学生承诺不再大声训斥他们，或者不再在他们的朋友面前为难他们时，你的学生会更加尊重你，不仅如此，他们的课堂表现也会变得越来越好。

———◆◆◆———

通过让学生及时表达自己的想法，你可以让他们积极主动地参与到你的课堂中来，请牢记：有效和学生互动是提高教学效率的制胜秘诀！

———◆◆◆———

事实上，"教学"和"评估"这两个词是密不可分的，因为如果没有其中的一个，就很难成功地做好另一个。

———◆◆◆———

当你选择在教室里公开发泄自己的情绪时，学生就会在"课堂象棋"中将你的军。

———◆◆◆———

每当我们赞美别人时，至少会有两个人感觉非常棒—— 一个是接受赞美的人，一个是给予赞美的人！

如果没有一个优秀的课堂计划，你根本就不可能带给学生一个生动而活跃的课堂，所以请记住：积极主动地写好每一堂课的课堂计划，远比在每堂课来临之前你迫于教学压力不得不做计划要好得多！

---◆◆◆---

有时候，学生只需要一双倾听的耳朵，因为学生也许并不需要你给他们建议，他们只需要知道你在倾听他们说话就足够了。

---◆◆◆---

当学生知道，犯错误并不可怕，经常犯错误还能提高自己的能力，那么他们就不会惧怕犯错，反而会敢于冒更多的风险，努力取得更好的成绩！

---◆◆◆---

让学生告诉你他们所钦佩的英雄是谁，这将有助于你更好地认识你的学生。英雄往往可以点燃学生的精神之火，这会导致学生效仿自己心目中英雄的言行举止。因此，作为老师，你必须关注学生心目中的英雄，指导学生正确地认识自己心目中的英雄，这对你而言将是一件事半功倍的事情。

从今往后，你要不停地提醒学生，错误是学习的一部分。告诉他们不要害怕错误，要好好地利用错误来让自己进步得更快一些。

---◆◆◆---

每一个学生都需要有说"跳过"的机会，这可以确保在他们碰到措手不及的情况时可以让自己不必过于紧张和压抑。

---◆◆◆---

大声地告诉学生，你为他们的所作所为感到骄傲，你可以邀请校长和更多的老师加入赞美学生的行列中，这样会大大增强学生的自信心，学生将更有激情去做你想要他们做的事情！

---◆◆◆---

当学生正在进行单调的任务时，他们往往很容易丧失他们的注意力。如果此时他们没有时间活动的话，他们很可能禁不住瞌睡虫的诱惑，而进入睡梦中！

---◆◆◆---

孩子们需要以正面的英雄人物为榜样，在孩童时期，他们就已经开始在心目中确定了自己的英雄人物。

当你停下来，耐心地确定学生的课堂行为问题发生的真正原因时，解决问题的方法会越来越清晰，距离成功解决问题的途径也会越来越近。

--- ◆ ◆ ◆ ---

大多数老师都会承认这样一个事实——你说话越大声，别人听进去的可能性就越少。一个温柔、平静的声音很容易传达你对他人的关心，而一个高分贝的声音则很容易传达你的激动和愤怒。

--- ◆ ◆ ◆ ---

当你吃东西时，越小口咀嚼，你就越容易吞咽食物，而且也更有利于身体吸收。教学上的小口咀嚼法也是如此。

--- ◆ ◆ ◆ ---

请一定要让学生忙碌起来，充实起来，不要让他们有闲置时间。这样他们就没有时间去做那些分散注意力的行为了，课堂纪律问题也会随之减少。

--- ◆ ◆ ◆ ---

无论年龄多大的学生都非常喜欢得到奖励。

我们并不建议你忽略学生所有的不良行为，我们只是建议你努力去捕捉学生的各种好行为。当你开始使用"因做好事而被抓住"，而不是"因做坏事而被抓住"的策略时，整个课堂气氛都会发生惊天动地的变化。

　　请经常告诉你的学生，你为他们骄傲，然后详细地解释为什么会为他们感到骄傲。当你做到这一点时，最顽固的学生也会被你感化。所以大胆前行吧，试一试！

　　请寻找各种理由为学生颁发奖章。这些奖章很便宜、很有趣，也很容易发放，而它们传递给学生的"你很独特"的夸奖所带给学生的价值却是不可估量的。

　　当学生犯错时，通常是有原因的。请你深究下去，因为错误行为在很大程度上是学生渴望帮助的呼救声。当你知道学生犯错的真正原因时，你才能找到一种更合适的方式来处理问题，以便更好地杜绝学生的错误，改善学生的表现。

无论是在课堂上还是在生活中，热情都是会传染的。

---◆◆◆---

教学本身就是一场争夺学生喜欢的竞争！如果学生不喜欢你，他们是不会想要从你这儿学东西的。

---◆◆◆---

当人们齐心协力一起工作时，就没有经受不住的风暴。因此，教你的学生一起合作学习吧。你肯定会看到，他们的学习和行为都会有很大的进步！

---◆◆◆---

当你假装犯错时，学生通常会很积极地参与到捕捉老师错误的活动之中，这将有助于学生避免犯类似的错误。通常，学生在这一活动过后就会恍然大悟，当他们明白老师是在假装犯错，而这一切都是为了让他们更好地学习时，他们会很感激你。记住：在学生玩得开心的同时，你要时刻坚持适度原则！

---◆◆◆---

告诉学生，明天你将要求他们每个人分享为别人做过的好事。

学生讨厌被老师在公共场合单独叫出来，因为这让他们在同学面前感到尴尬不已。当我们用这种公告于众的方式处理这样的问题时，这种不良行为通常会停止一段时间。但是，一段时间之后，它又会浮出水面。

所有年龄段的学生都热衷于充满乐趣的事物，高效的老师总是有法子使学生的学习充满乐趣。

不要轻易在学生面前透露你的愤怒和紧张，你一定要努力成为一名冷静的、自控力极强的、具有较高专业素养的老师！

如果你将你对学生的信任告诉学生，那么你一定能帮助他们树立良好的自信心以及付出更多的努力，从而取得更好的成就。

如果你清晰地知道自己的目的，那么你实现这个目的的可能性就会成倍增加！

请教给学生你要考试的知识，然后再对你所教过的知识进行考试。尽管并不是所有的学生都会如你所期望的那样努力学习，但只要你真诚地付出自己的努力，学生就一定不会让你失望。

―――◆◆◆―――

当一个教室的所有东西都被凌乱地放置时，你根本无法在那里找到任何东西。但是，如果每一件东西都放在它应在的地方，那么你的教室将成为一个更有效率的地方！

―――◆◆◆―――

高效的教师知道，对于学生的某些行为，最好的方式就是装作没看见。

―――◆◆◆―――

在尝试那些未知的新事物时，的确会让人产生害怕的心理。但是，如果你从来都不冒险的话，你将永远得不到成长！

―――◆◆◆―――

永远不要忘记你为什么选择教书。你之所以选择教书，是因为你想让每一个学生的生命都与众不同。

作为老师，我们需要不断地评估学生对知识的理解力。当学生不理解知识点时，我们必须要足够机警，以及时发现学生面临的问题。

--- ◆ ◆ ◆ ---

我们的着装往往关系到别人如何看待我们。穿着像老师，行动是老师，那么你就会像一位真正的职业人士那样，赢得自己应该受到的尊重。

--- ◆ ◆ ◆ ---

别用老师曾经教你的方式来教你的学生，如果老师们还像多年以前那样把这些教学方法简单地挪用过来而不加以改进，那么老师们就不能再期待它们今天还和以前那样有效。

--- ◆ ◆ ◆ ---

做一个明智的老师，不要轻易与学生产生冲突。一旦陷入与学生的剧烈冲突，请像成年人一样去行动，尽快结束冲突。无论如何，请坚持做一个有职业素养而不是鲁莽冲动的老师！

--- ◆ ◆ ◆ ---

如果你能私底下秘密地处理学生的问题，赢得好结果的机会就会成倍增加！

---◆ ◆ ◆---

当需要代课老师时，请不要害怕。你只需要充分利用学生的责任心和小主人翁精神，为每个学生都分配好各自的任务，让他们各司其职，那么一切都会变得井然有序。

---◆ ◆ ◆---

即使你有时会将学校管理者视为一个独裁者，但是你花在对你的管理员抱怨上的时间不应该比你本身需要关注他们的时间还多。因此，努力去做一个合作者吧，不要成为另一个问题的制造者。

"常青藤"书系—中青文教师用书总目录

书名	书号	定价
特别推荐——从优秀到卓越系列		
★ 从优秀教师到卓越教师：极具影响力的日常教学策略（入选浙江省教师节用书）	9787515312378	33.80
★ 从优秀教学到卓越教学：让学生专注学习的最实用教学指南	9787515324227	39.90
★ 从优秀学校到卓越学校：他们的校长在哪些方面做得更好	9787515325637	33.80
★ 卓越课堂管理（中国教育新闻网2015年度"影响教师的100本书"）	9787515331362	88.00
名师新经典/教育名著		
在芬兰中小学课堂观摩研修的365日	9787515363608	49.00
★ 马文·柯林斯的教育之道：通往卓越教育的路径（《中国教育报》2019年度"教师喜爱的100本书"，中国教育新闻网"影响教师的100本书"。朱永新作序，李希贵力荐）	9787515355122	49.80
如何当好一名学校中层：快速提升中层能力、成就优秀学校的31个高效策略	9787515346519	29.00
像冠军一样教学：引领学生走向卓越的62个教学诀窍	9787515343488	49.00
像冠军一样教学2：引领教师掌握62个教学诀窍的实操手册与教学资源	9787515352022	68.00
如何成为高效能教师（美国最畅销教师用书，销量超过350万册，教师培训第一书）	9787515301747	89.00
给教师的101条建议（第三版）（《中国教育报》"最佳图书"奖）	9787515342665	33.00
改善学生课堂表现的50个方法（入选《中国教育报》"影响教师的100本书"）	9787500693536	33.00
改善学生课堂表现的50个方法操作指南：小技巧获得大改变	9787515334783	29.00
优秀教师一定要知道的17件事（美国当前最有影响教育畅销书作者全新力作）	9787515342726	23.00
美国中小学世界历史读本/世界地理读本/艺术史读本	9787515317397等	106.00
美国语文读本1-6	9787515314624等	252.70
和优秀教师一起读苏霍姆林斯基	9787500698401	27.00
快速破解60个日常教学难题	9787515339320	39.90
美国最好的中学是怎样的——让孩子成为学习高手的乐园	9787515344713	28.00
建立以学习共同体为导向的师生关系：让教育的复杂问题变得简单	9787515353449	33.80
教师成长/专业素养		
卓越教师工具包：帮你顺利度过从教的前5年	9787515361345	49.00
可见的学习与深度学习：最大化学生的技能、意志力和兴奋感	9787515361116	45.00
学生教给我的17件重要的事：带给你爱、勇气、坚持与创意的人生课堂	9787515361208	39.80
★ 教师如何持续学习与精进	9787515361109	39.00
从实习教师到优秀教师	9787515358673	39.90
像领袖一样教学：改变学生命运，使学生变得更好（中国教育新闻网2015年度"影响教师的100本书"）	9787515355375	49.00
★ 你的第一年：新教师如何生存和发展	9787515351599	33.80
教师精力管理：让教师高效教学，学生自主学习	9787515349169	28.00
如何使学生成为优秀的思考者和学习者：哈佛大学教育学院课堂思考解决方案	9787515348155	39.80
反思性教学：一个已被证明能让所有教师做到最好的培训项目（30周年纪念版）	9787515347837	49.00
凭什么让学生服你：极具影响力的日常教育策略（中国教育新闻网2017年度"影响教师的100本书"）	9787515347554	28.00
运用积极心理学提高学生成绩（中国教育新闻网2017年度"影响教师的100本书"）	9787515345680	39.80
可见的学习与思维教学：成长型思维教学的54个教学资源：教学资源版	9787515354743	36.00
★ 可见的学习与思维教学：让教学对学生可见，让学习对教师可见（中国教育报2017年度"教师最喜爱的100本书"）	9787515345000	29.80

书名	书号	定价
教学是一段旅程：成长为卓越教师你一定要知道的事	9787515344478	39.00
安奈特·布鲁肖写给教师的101首诗	9787515340982	35.00
万人迷老师养成宝典学习指南	9787515340784	28.00
中小学教师职业道德培训手册：师德的定义、养成与评估	9787515340777	32.00
成为顶尖教师的10项修炼（中国教育新闻网2015年度"影响教师的100本书"）	9787515334066	35.00
★ T. E. T. 教师效能训练：一个已被证明能让所有年龄学生做到最好的培训项目（30周年纪念版）（中国教育新闻网2015年度"影响教师的100本书"）	9787515332284	49.00
教学需要打破常规：全世界最受欢迎的创意教学法（中国教育新闻网2015年度"影响教师的100本书"）	9787515331591	45.00
10天卓越教师自我培训（教育家安奈特·布鲁肖顶尖卓越教师培训教材）	9787515329925	29.00
给幼儿教师的100个创意：幼儿园班级设计与管理 / 为幼升小做准备	9787515330310等	58.00
给小学教师的100个创意：发展思维能力	9787515327402	29.00
给中学教师的100个创意：如何激发学生的天赋和特长 / 杰出的教学 / 快速改善学生课堂表现	9787515330723等	87.90
以学生为中心的翻转教学11法	9787515328386	29.00
如何使教师保持职业激情	9787515305868	29.00
★ 如何培训高效能教师：来自全美权威教师培训项目的建议	9787515324685	32.00
良好教学效果的12试金石：每天都需要专注的事情清单	9787515326283	29.90
★ 让每个学生主动参与学习的37个技巧	9787515320526	45.00
给教师的40堂培训课：教师学习与发展的最佳实操手册	9787515352787	39.90
提高学生学习效率的9种教学方法	9787515310954	27.80
★ 优秀教师的课堂艺术：唤醒快乐积极的教学技能手册	9787515342719	26.00
★ 万人迷老师养成宝典（第2版）（入选《中国教育报》"2010年影响教师的100本书"）	9787515342702	39.00
高效能教师的9个习惯	9787500699316	26.00
课堂教学/课堂管理		
跨学科项目式教学：通过"+1"教学法进行计划、管理和评估	9787515361086	49.00
课堂上最重要的56件事	9787515360775	35.00
★ 全脑教学与游戏教学法	9787515360690	39.00
★ 深度教学：运用苏格拉底式提问法有效开展备课设计和课堂教学	9787515360591	49.90
★ 一看就会的课堂设计：三个步骤快速构建完整的课堂管理体系	9787515360584	39.90
如何有效激发学生学习兴趣	9787515360577	38.00
如何解决课堂上最关键的9个问题	9787515360195	49.00
多元智能教学法：挖掘每一个学生的最大潜能	9787515359885	39.90
★ 探究式教学：让学生学会思考的四个步骤	9787515359496	39.00
课堂提问的技术与艺术	9787515358925	49.00
如何在课堂上实现卓越的教与学	9787515358321	49.00
基于学习风格的差异化教学	9787515358437	39.90
★ 如何在课堂上提问：好问题胜过好答案	9787515358253	39.00
★ 高度参与的课堂：提高学生专注力的沉浸式教学	9787515357522	39.90
让学习变得有趣	9787515357782	39.00
★ 如何利用学校网络进行项目式学习和个性化学习	9787515357591	39.90

书名	书号	定价
基于问题导向的互动式、启发式与探究式课堂教学法	9787515356792	49.00
如何在课堂中使用讨论：引导学生讨论式学习的60种课堂活动	9787515357027	38.00
如何在课堂中使用差异化教学	9787515357010	39.90
如何在课堂中培养成长型思维	9787515356754	39.90
每一位教师都是领导者：重新定义教学领导力	9787515356518	39.90
教室里的1-2-3魔法教学：美国广泛使用的从学前到八年级的有效课堂纪律管理	9787515355986	39.90
如何在课堂中使用布卢姆教育目标分类法	9787515355658	39.00
如何在课堂上使用学习评估	9787515355597	39.00
7天建立行之有效的课堂管理系统：以学生为中心的分层式正面管教	9787515355269	29.90
积极课堂：如何更好地解决课堂纪律与学生的冲突	9787515354590	38.00
设计智慧课堂：培养学生一生受用的学习习惯与思维方式	9787515352770	39.00
追求学习结果的88个经典教学设计：轻松打造学生积极参与的互动课堂	9787515353524	39.00
从备课开始的100个课堂活动设计：创造积极课堂环境和学习乐趣的教师工具包	9787515353432	33.80
老师怎么教，学生才能记得住	9787515353067	48.00
多维互动式课堂管理：50个行之有效的方法助你事半功倍	9787515353395	39.80
智能课堂设计清单：帮助教师建立一套规范程序和做事方法	9787515352985	49.90
提升学生小组合作学习的56个策略：让学生变得专注、自信、会学习	9787515352954	29.90
快速处理学生行为问题的52个方法：让学生变得自律、专注、爱学习	9787515352428	39.00
王牌教学法：罗恩·克拉克学校的创意课堂	9787515352145	39.80
让学生快速融入课堂的88个趣味游戏：让上课变得新颖、紧凑、有成效	9787515351889	39.00
如何调动与激励学生：唤醒每个内在学习者（李希贵校长推荐全校教师研读）	9787515350448	39.80
合作学习技能35课：培养学生的协作能力和未来竞争力	9787515340524	59.00
基于课程标准的STEM教学设计：有趣有料有效的STEM跨学科培养教学方案	9787515349879	68.00
如何设计教学细节：好课堂是设计出来的	9787515349152	39.00
15秒课堂管理法：让上课变得有料、有趣、有秩序	9787515348490	33.80
混合式教学：技术工具辅助教学实操手册	9787515347073	39.80
从备课开始的50个创意教学法	9787515346618	29.00
中学生实现成绩突破的40个引导方法	9787515345192	33.00
给小学教师的100个简单的科学实验创意	9787515342481	39.00
老师如何提问，学生才会思考	9787515341217	33.80
教师如何提高学生小组合作学习效率	9787515340340	39.00
卓越教师的200条教学策略	9787515340401	49.90
中小学生执行力训练手册：教出高效、专注、有自信的学生	9787515335384	33.80
从课堂开始的创客教育：培养每一位学生的创造能力	9787515342047	33.00
提高学生学习专注力的8个方法：打造深度学习课堂	9787515333557	35.00
改善学生学习态度的58个建议	9787515324067	36.00
全脑教学（中国教育新闻网2015年度"影响教师的100本书"）	9787515323169	38.00
全脑教学与成长型思维教学：提高学生学习力的92个课堂游戏	9787515349466	39.00
哈佛大学教育学院思维训练课	9787515325101	36.00
完美结束一堂课的35个好创意	9787515325163	28.00
如何更好地教学：优秀教师一定要知道的事（被英国教育界奉为圣经的教学用书）	9787515324609	36.00
带着目的教与学	9787515323978	28.00

	书名	书号	定价
★	美国中小学生社会技能课程与活动（学前阶段/1–3年级/4–6年级/7–12年级）	9787515322537等	153.80
	彻底走出教学误区：开启轻松智能课堂管理的45个方法	9787515322285	28.00
	破解问题学生的行为密码：如何教好焦虑、逆反、孤僻、暴躁、早熟的学生	9787515322292	36.00
	13个教学难题解决手册	9787515320502	28.00
★	让学生爱上学习的165个课堂游戏	9787515319032	39.00
	美国学生游戏与素质训练手册：培养孩子合作、自尊、沟通、情商的103种教育游戏	9787515325156	49.00
	老师怎么说，学生才会听	9787515312057	28.00
	快乐教学：如何让学生积极与你互动（入选《中国教育报》"影响教师的100本书"）	9787500696087	29.00
★	老师怎么教，学生才会提问	9787515317410	29.00
★	快速改善课堂纪律的75个方法	9787515313665	28.00
★	教学可以很简单：高效能教师轻松教学7法	9787515314457	39.00
	好老师可以避免的20个课堂错误（入选《中国教育报》"影响教师的100本图书"）	9787500688785	39.90
	好老师应对课堂挑战的25个方法（《给教师的101条建议》作者新书）	9787500699378	25.00
	好老师激励后进生的21个课堂技巧	9787515311838	39.80
★	开始和结束一堂课的50个好创意	9787515312071	29.80
	好老师因材施教的12个方法（美国著名教师伊莉莎白"好老师"三部曲）	9787500694847	22.00
★	如何打造高效能课堂（美国《学习》杂志"教师必选"奖，"激励教师组织"推荐书目）	9787500680666	29.00
	合理有据的教师评价：课堂评估衡量学生进步	9787515330815	29.00
班主任工作/德育			
★	北京四中8班的教育奇迹	9787515321608	36.00
★	师德教育培训手册	9787515326627	29.80
	中小学教师职业道德培训手册：师德的定义、养成与评估	9787515340777	32.00
★	好老师征服后进生的14堂课（美国著名教师伊莉莎白"好老师"三部曲）	9787500693819	39.90
	优秀班主任的50条建议：师德教育感动读本（《中国教育报》专题推荐）	9787515305752	23.00
学校管理/校长领导力			
★	学校管理最重要的48件事	9787515361055	39.80
	重新设计学习和教学空间：设计利于活动、游戏、学习、创造的学习环境	9787515360447	49.90
	重新设计一所好学校：简单、合理、多样化地解构和重塑现有学习空间和学校环境	9787515356129	49.00
	让樱花绽放英华	9787515355603	79.00
	学校管理者平衡时间和精力的21个方法	9787515349886	29.90
	校长引导中层和教师思考的50个问题	9787515349176	29.00
	如何定义、评估和改变学校文化	9787515340371	29.80
	优秀校长一定要做的18件事（入选《中国教育报》"2009年影响教师的100本书"）	9787515342733	26.00
学科教学/教科研			
	北京四中语文课：千古文章	9787515360973	59.00
	北京四中语文课：亲近经典	9787515360980	59.00
	从备课开始的56个英语创意教学：快速从小白老师到名师高手	9787515359878	49.90
	美国学生写作技能训练	9787515355979	39.90
	《道德经》妙解、导读与分享（诵读版）	9787515351407	49.00
	京沪穗江浙名校名师联手教你：如何写好中考作文	9787515356570	49.90
	京沪穗江浙名校名师联手授课：如何写好高考作文	9787515356686	49.80
★	人大附中中考作文取胜之道	9787515345567	39.80

书名	书号	定价
★ 人大附中高考作文取胜之道	9787515320694	33.80
★ 人大附中学生这样学语文：走近经典名著	9787515328959	33.80
四界语文（中国教育报2017年度"教师喜爱的100本书"）	9787515348483	49.00
让小学一年级孩子爱上阅读的40个方法	9787515307589	39.90
让学生爱上数学的48个游戏	9787515326207	26.00
轻松100课教会孩子阅读英文	9787515338781	88.00
情商教育/心理咨询		
9节课，教你读懂孩子：妙解亲子教育、青春期教育、隔代教育难题	9787515351056	39.80
★ 学生版盖洛普优势识别器（独一无二的优势测量工具）	9787515350387	169.00
与孩子好好说话（获"美国国家育儿出版物（NAPPA）金奖"，沟通圣经）	9787515350370	39.80
中小学心理教师的10项修炼	9787515309347	36.00
★ 别和青春期的孩子较劲（增订版）（入选《中国教育报》"2009年影响教师的100本书"）	9787515343075	28.00
★ 100条让孩子胜出的社交规则	9787515327648	28.00
守护孩子安全一定要知道的17个方法	9787515326405	32.00
幼儿园/学前教育		
用蒙台梭利教育法开启0~6岁男孩潜能	9787515361222	45.00
德国幼儿的自我表达课：不是孩子爱闹情绪，是她/他想说却不会说！	9787515359458	59.00
德国幼儿教育成功的秘密： 近距离体验德国学前教育理念与幼儿园日常活动安排	9787515359465	49.80
美国儿童自然拼读启蒙课：至关重要的早期阅读训练系统	9787515351933	49.80
幼儿园30个大主题活动精选：让工作更轻松的整合技巧	9787515339627	39.80
★ 美国幼儿教育活动大百科：3-6岁儿童学习与发展指南用书 科学/艺术/健康与语言/社会	9787515324265等	600.00
蒙台梭利早期教育法：3-6岁儿童发展指南（理论版）	9787515322544	29.80
蒙台梭利儿童教育手册：3-6岁儿童发展指南（实践版）	9787515307664	33.00
★ 自由地学习：华德福的幼儿园教育	9787515328300	29.90
赞美你：奥巴马给女儿的信	9787515303222	36.00
史上最接地气的幼儿书单	9787515329185	39.80
教育主张/教育视野		
学习的科学：每位教师都应知道的77项教育研究成果	9787515364094	59.00
真实性学习：如何设计体验式、情境式、主动式的学习课堂	9787515363769	49.00
哈佛前1%的秘密（俞敏洪、成甲、姚梅林、张梅玲推荐）	9787515363349	59.90
基于七个习惯的自我领导力教育设计：让学校育人更有道，让学生自育更有根	9787515362809	69.00
终身学习：让学生在未来拥有不可替代的决胜力	9787515360560	49.90
颠覆性思维：为什么我们的阅读方式很重要	9787515360393	39.90
如何教学生阅读与思考：每位教师都需要的阅读训练手册	9787515359472	39.00
"互联网+"时代，如何做一名成长型教师	9787515340302	29.90
教出阅读力	9787515352800	39.90
为学生赋能：当学生自己掌控学习时，会发生什么	9787515352848	33.00
如何用设计思维创意教学：风靡全球的创造力培养方法	9787515352367	39.80
如何发现孩子：实践蒙台梭利解放天性的趣味游戏	9787515325750	32.00
如何学习：用更短的时间达到更佳效果和更好成绩	9787515349084	49.00
教师和家长共同培养卓越学生的10个策略	9787515331355	27.00

	书名	书号	定价
★	如何阅读：一个已被证实的低投入高回报的学习方法	9787515346847	39.00
★	芬兰教育全球第一的秘密（钻石版）（《中国教育报》等主流媒体专题推荐，台湾地区教育类畅销书榜第一名）	9787515359922	59.00
	世界最好的教育给父母和教师的45堂必修课（《芬兰教育全球第一的秘密》2）	9787515342696	28.00
	杰出青少年的7个习惯（精英版）（中小学图书馆推荐书目、中国青少年必读书目）	9787515342672	39.00
	杰出青少年的7个习惯（成长版）	9787515335155	29.00
★	杰出青少年的6个决定（领袖版）（中小学图书馆推荐书目、中国青少年必读书目、全国优秀出版物奖）	9787515342658	28.00
	7个习惯教出优秀学生（第2版）（全球第一畅销书《高效能人士的七个习惯》教师版）	9787515342573	39.90
	学习的科学：如何学习得更好更快（入选中国教育网2016年度"影响教师的100本书"）	9787515341767	39.80
	杰出青少年构建内心世界的5个坐标（中国青少年成长公开课）	9787515314952	59.00
★	跳出教育的盒子（第2版）（美国中小学教学经典畅销书）	9787515344676	35.00
	夏烈教授给高中生的19场讲座（入选《中国教育报》"2013年最受教师欢迎的100本书"）	9787515318813	29.90
★	学习之道：美国公认经典学习书	9787515342641	39.00
★	翻转学习：如何更好地实践翻转课堂与慕课教学（中国教育新闻网2015年度"影响教师的100本书"）	9787515334837	32.00
	翻转课堂与慕课教学：一场正在到来的教育变革	9787515328232	26.00
	翻转课堂与混合式教学：互联网+时代，教育变革的最佳解决方案	9787515349022	29.80
	翻转课堂与深度学习：人工智能时代，以学生为中心的智慧教学	9787515351582	29.80
★	奇迹学校：震撼美国教育界的教学传奇（中国教育新闻网2015年度"影响教师的100本书"）	9787515327044	36.00
★	学校是一段旅程：华德福教师1-8年级教学手记	9787515327945	49.00
★	高效能人士的七个习惯（30周年纪念版）（全球畅销书）	9787515360430	79.00

您可以通过如下途径购买：

1. 书　　店：各地新华书店、教育书店。
2. 网上书店：当当网（www.dangdang.com）、亚马逊中国网（www.amazon.cn）、天猫（zqwts.tmall.com）
　　　　　　京东网（www.360buy.com）。
3. 团　　购：各地教育部门、学校、教师培训机构、图书馆团购，可享受特别优惠。
　　购书热线：010-65511270 / 65516873

《从优秀教师到卓越教师：极具影响力的日常教学策略》

作 者：（美）安奈特·布鲁肖

托德·威特克尔

ISBN：978-7-5153-1237-8

开 本：16

页 码：336

定 价：33.80元

★ 入选浙江省教师节用书

★ 入选中小学教师必读图书

★ 入选"新华杯"教师读书征文比赛推荐图书

★ 高效：一天一个简单易学的方法，5分钟就能让你的教学效果"立竿见影"

★ 实用：180天，闲暇之时就能轻松学习新理论、新方法、新智慧

★ 权威：美国最受欢迎的教育家与数千名卓越教师的无私分享，让你获得全新的教学视野

★ 超强影响力：美国教育界公认最好的教师培训项目二十余年的宝贵经验

　　本书是一本覆盖全学年的实用教学指南，一共包含 180 天，几乎覆盖了整个学年的教学时间，每一天为教师提供一个与教学相关的方法、策略或者行动建议，以提高教学的有效性。教师每天只需花几分钟的时间，就能获得新进步、新收获。

　　作为一名教师，由于肩负着众多的责任，所以很容易顾此失彼，看重一些我们本无须看重的东西，忽略一些我们本不该忽略的东西。因此，每一天，我们都需要提醒自己做自己该做的事情。本书将在你教学的每一天为你送上温馨的提醒、善意的建议、周全的行动计划。